La Lecture sur les lèvres

DU MÊME AUTEUR

De l'Éducation des organes de la parole chez le sourd-muet (Thèse, 1891).

Le Français par l'usage. — Enseignement synthétique de la langue aux sourds-muets (En collaboration, 1906, librairie Nathan.)

Les Troubles de la parole chez les entendants : bégaiement, blésités, retard du langage, nasillement, raucité vocale, voix infantile, etc. Causes et remèdes. — (1906, atelier typographique de l'Institution Nationale des sourds-muets.)

EN PRÉPARATION :

Recueil d'exercices d'Orthophonie et de Lecture sur les lèvres.

La Surdité

Moyen d'y remédier par

La Lecture sur les lèvres

Faculté que les sourds peuvent acquérir de comprendre la parole aux mouvements des lèvres

CONTRIBUTION A L'HYGIÈNE SCOLAIRE

PAR

ÉTIENNE BOUDIN

Professeur à l'Institut national des sourds-muets de Paris
Professeur d'orthophonie et de lecture sur les lèvres
Officier de l'Instruction publique.

PRÉFACE

de M. le Docteur H. VERGNIAUD

Médecin principal de la Marine en retraite,
Ancien professeur aux Ecoles de Médecine navale de Brest et de Bordeaux.
Membre de la Société oto-laryngologique de France
Chevalier de la Légion d'honneur.

PARIS
A. MALOINE, ÉDITEUR
25, 27, RUE DE L'ÉCOLE-DE-MÉDECINE, 25, 27

1912

Une leçon de lecture sur les lèvres.

PRÉFACE

Ce livre, que j'ai l'honneur de présenter au public, sera le bienvenu, car il vient à son heure.

La spécialité des maladies de la gorge, du nez et des oreilles, bien que jeune encore et l'une des dernières venues parmi les spécialités médicales, a marché à pas de géant et a fait l'admiration du monde scientifique par ses résultats.

Mais, malgré les progrès qu'elle a pu réaliser et tous ceux qui sont encore possibles, on peut affirmer qu'elle restera toujours impuissante à guérir tous les cas de surdité, parce que, quand l'organe est détruit, la fonction est irrémédiablement perdue.

Il existe une autre classe d'infirmités pour lesquelles les laryngologistes sont souvent consultés et contre lesquelles sont impuissants, dans la plupart des cas, leurs moyens thérapeutiques ordinaires et leurs interventions chirurgicales :

je veux parler des *troubles de la parole* si fréquents chez les enfants et toujours si préjudiciables à leur avenir : *blésités*, *bégaiement*, *retard du langage*, *nasillement*, *raucité vocale*, *voix infantile*, etc.

Est-ce à dire que nous soyons complètement désarmés contre toutes ces infirmités? Nullement. Contre la surdité irrémédiable, nous avons comme ressource ultime, mais combien merveilleuse, *la lecture sur les lèvres*. Les enfants et les jeunes gens, les adultes de tout âge atteints de vices ou d'incorrection du langage peuvent être guéris, et souvent très rapidement, par l'*orthophonie* (1).

Lecture sur les lèvres et *orthophonie* sont deux branches d'une même science, la science du mécanisme de la parole.

Cette science est peu cultivée encore ; on peut même dire qu'elle est actuellement le domaine presque exclusif des quelques professeurs des établissements de sourds-muets dans lesquels se pratique l'enseignement oral.

Pour donner cet enseignement, grâce auquel se produit et se reproduit sans cesse ce miracle de faire parler les muets, ces professeurs doi-

(1) Voir *les Troubles de la Parole*, — Causes et remèdes, par Et. Boudin.

vent étudier minutieusement et connaître admirablement les moindres détails du mécanisme si complexe du langage. C'est une science longue et pénible à acquérir que peut seule donner une expérience consacrée par des observations professionnelles et une pratique de tous les instants.

Mais quelles ressources inconnues elle recèle ! Il est merveilleux de voir le professeur d'orthophonie prendre un enfant incapable de se faire comprendre, débrouiller le chaos des désordres vocaux ou des défauts d'articulation qu'il présente, et en déduire sûrement les moyens à mettre en œuvre pour rétablir le débit normal et régulier de la parole.

L'enseignement de *la lecture sur les lèvres*, c'est-à-dire de cette admirable faculté pour les sourds de lire sur la bouche d'autrui la parole qu'ils ont cessé d'entendre, procède des mêmes principes que l'orthophonie et relève de la même science du mécanisme du langage.

Le professeur de sourds-muets est donc tout désigné et tout préparé par ses études et par son enseignement journalier, en vertu du principe que la pratique fait le maître, pour donner aux sourds abandonnés par la médecine le moyen de suppléer à leur ouïe défaillante par la lecture labiale et pour traiter avec succès les troubles si nombreux et si variés qui relèvent de l'orthophonie.

Mme Graham Bell, femme du célèbre inventeur du téléphone, atteinte de surdité complète, raconte quelque part que, malgré l'inconvénient d'une myopie caractérisée, elle a pu acquérir une habitude suffisante de la lecture sur les lèvres pour suffire à tous ses besoins de communication et suivre aisément les conversations sur des sujets scientifiques ou abstraits les plus étrangers à la vie ordinaire.

Mais on peut dire qu'elle était à bonne école. M. Graham Bell a été en effet professeur de l'Institut des sourds-muets de Boston ; et il n'est peut-être pas inutile, en la circonstance, de rappeler que ce sont des recherches professionnelles qui l'ont conduit à sa géniale découverte.

M. Graham Bell imagina le téléphone magnétique dans le but de remplacer, pour ses élèves, l'appareil auditif qui leur fait défaut ; il ne réussit pas dans cette entreprise, mais il produisit le premier instrument capable de reproduire les articulations de la parole.

L'invention du téléphone n'est pas la seule qui soit née des recherches des professeurs de sourds-muets sur le mécanisme de la parole et l'art d'enseigner aux sourds à se passer de l'oreille.

N'a-t-on pas vu le cinématographe sortir de la collaboration de Marey et de ses élèves avec les professeurs de notre Institut national des sourds-muets de Paris ?

L'histoire mérite d'être contée.

C'est l'un d'eux, M. Marichelle, qui eut le premier l'idée d'appliquer à l'étude des mouvements des lèvres, pendant l'acte de la parole, la photographie du mouvement qui venait d'être imaginée par Marey.

Le savant physiologiste s'intéressa à la question et sous sa direction, son élève, M. Demeny, imagina un instrument, le phonoscope, dans lequel on vit, avec étonnement, les photographies successives d'un sujet qui parle, donner l'illusion d'un portrait qui s'anime et remue les lèvres. Des élèves sourds-muets, exercés à la lecture labiale et amenés devant le phonoscope, parvinrent à lire sur les lèvres du portrait presque aussi facilement que sur une bouche vivante.

Comme le phonoscope pouvait servir à la synthèse de tous les mouvements, il perdit bientôt son nom pour prendre celui plus général de *cinématographe*.

S'il me paraît juste de dire que, grâce à l'orthophonie et à la lecture sur les lèvres, un avenir plein d'espérance s'ouvre pour d'innombrables infirmes, à peu près abandonnés aujourd'hui, je me hâte d'ajouter que la réalisation de ces espérances dépend en grande partie des auristes et des laryngologistes.

C'est à eux qu'ont recours les sourds incurables comme les autres ; car il n'y a pas de sourds qui se croient incurables. C'est à eux qu'on présente d'abord les enfants ou les jeunes gens atteints de bégaiement, de bredouillement, de troubles vocaux ou autres vices du langage.

Ce sont eux qui doivent ouvrir à tous ces déshérités les portes de l'espérance et leur indiquer la voie à suivre, les détourner des charlatans inventeurs d'appareils mirifiques et les confier aux professeurs aptes à les corriger.

De cette alliance féconde entre le laryngo-otologiste et le professeur d'orthophonie sortira, j'en suis persuadé, un véritable progrès social.

Pourquoi cette alliance n'a-t-elle pas eu lieu plus tôt ? Pourquoi tant de médecins paraissent-ils ignorer les ressources de l'orthophonie et de la lecture sur les lèvres ou négligent-ils de les indiquer à leurs clients ?

Cela tient sans doute à l'absence d'ouvrages de

vulgarisation clairs et complets sur la matière.

Nombreux sont les médecins qui, ayant entrevu depuis longtemps cette voie nouvelle, ont vainement essayé d'y engager leurs clients, parce qu'ils montraient le but sans pouvoir indiquer les moyens de l'atteindre.

Pendant ma carrière laryngo-otologique, comme beaucoup de mes confrères sans doute, j'ai eu affaire à des centaines de sourds ayant vainement épuisé toutes les ressources thérapeutiques et auxquels j'ai conseillé d'avoir recours à la lecture sur les lèvres ; mes malades, même les plus intelligents et les plus aisés, qui n'auraient pas reculé devant une opération grave et coûteuse, restaient *sourds* à mes conseils.

J'attribue mes échecs à l'insuffisance des renseignements que je pouvais leur donner et à l'absence d'un manuel leur permettant de se rendre compte de l'effort à produire.

L'ouvrage publié aujourd'hui par M. Et. Boudin, qui depuis de nombreuses années s'est spécialisé, avec le plus grand succès, dans la correction des troubles de la parole et dans l'enseignement de la lecture sur les lèvres, vient combler cette lacune. Cet ouvrage est essentiellement une œuvre de vulgarisation basée, non sur des théories plus ou moins hypothétiques, mais sur des remarques fines, des observations patientes, laborieuses et pleines de conseils pratiques, fruit d'une longue expérience.

Dans le premier chapitre, après quelques considérations sur *la surdité* et *le sourd*, l'auteur définit *la lecture sur les lèvres* et montre que *la suppléance de l'ouïe par la vue* est un fait naturel de l'activité physiologique. Consacrant le chapitre II à la description des images labiales caractéristiques des éléments phonétiques, il nous fait voir que la parole ne se manifeste pas seulement par des sons et des bruits perceptibles à l'ouïe, mais par des images faciales constituant comme une sorte d'écriture physionomique dont la lecture est à la portée du sourd ; et il s'appuie sur la méthode graphique de Marey pour démontrer la possibilité de cette lecture. Après avoir exposé, chapitre III, à quelles conditions *la lecture labiale* est accessible aux sourds et peut devenir un moyen réellement pratique de communication, M. Boudin aborde, dans le chapitre IV, la partie la plus importante de son travail, celle qui traite de la méthode, c'est-à-dire des exercices d'initiation propres à développer chez le sourd la faculté de comprendre la parole aux mouvements des lèvres.

Cette partie pourra paraître incomplète, si

l'on considère que les exercices n'y sont qu'indiqués. Mais, tels qu'ils sont sériés et énumérés, avec un canevas et des conseils pour chaque groupe, il sera facile au maître ou à l'élève de les reconstituer dans leur ensemble.

Tel est l'ouvrage sur lequel je suis heureux d'appeler l'attention du grand public. Écrit d'une façon claire, simple, sans prétention, qui le met à la portée du sourd aussi bien que du professeur et du médecin, il sera bientôt, je l'espère, dans les mains de tous les otologistes pour devenir ensuite le livre de chevet de tous les sourds intelligents.

Docteur VERGNIAUD,

Médecin principal de la marine en retraite,
Ancien professeur aux Écoles de médecine navale de Brest et de Bordeaux.
Membre de la Société oto-laryngologique de France,
Chevalier de la Légion d'honneur.

CHAPITRE PREMIER

CONSIDÉRATIONS GÉNÉRALES SUR *la Surdité* ET SUR LE MOYEN D'Y REMÉDIER PAR *la lecture sur les lèvres*.

SOMMAIRE. — La surdité et le sourd. — Des remèdes contre la surdité.—Définition de la lecture sur les lèvres. — C'est une faculté naturelle et instinctive. — La lecture sur les lèvres a fait depuis longtemps ses preuves. — Pourquoi elle est peu pratiquée.

La surdité et le sourd. — De toutes les infirmités qui accablent notre pauvre humanité, la surdité est certainement une de celles qui causent aux malades le plus de tourments ; et la constatation est d'autant plus regrettable que cette infirmité, très fréquente, afflige sans distinction les enfants et les adultes aussi bien que les vieillards.

Doit-on, comme on l'a fait, conclure, de cette tendance à la surdité, qu'elle est, avec d'autres troubles organiques, une des conséquences du surmenage à outrance qui caractérise notre époque et une rançon payée par notre organisme aux progrès scientifiques et aux nouvelles découvertes; lesquels, assure-t-on, tendent à diminuer les moyens physiques et physiologiques de l'homme, dont les organes vont s'affaiblissant, à mesure qu'il cherche à perfectionner et à améliorer son existence et en raison même de la multiplication des commodités factices dont il dispose? Nous ne le pensons pas. La surdité a été une infirmité de tous les temps ; et si, de nos jours, elle paraît plus fréquente qu'autrefois, c'est que, connaissant mieux ses causes et sa thérapeutique, on se préoccupe davantage de la guérir ou d'y remédier.

L'organe de l'ouïe n'est pas un rouage d'une importance vitale, mais il est celui du plus intellectuel de tous les sens et son affaiblissement se manifeste presque toujours, chez le sourd, par un changement de caractère qui a fait dire que la perte de l'audition était un grand agent d'hypocondrie.

Séparée en quelque sorte des vivants par son infirmité, la personne atteinte de surdité est très malheureuse et très à plaindre.

Elle voit tout en noir, devient souvent irritable à l'excès ; et son état d'esprit n'est pas seulement pénible pour elle, mais encore pour ceux qui l'entourent. Elle a du dégoût pour tout ce qui était auparavant pour elle joie, plaisir, distraction. Les relations lui pèsent et la crainte d'être l'objet de saillies plus ou moins spirituelles, de railleries plus ou moins généreuses, en raison de ses quiproquos, — il n'y a pas que l'enfance qui soit sans pitié ! — lui fait rechercher la solitude.

On rencontre peu de sourds, en effet, partageant la philosophie de Le Sage, l'auteur de *Gil Blas*, et sachant, comme lui, concilier une grande gaieté avec une profonde surdité : « Voilà mon bienfaiteur, disait-il en tirant de sa poche le cornet acoustique sans lequel il ne pouvait rien entendre. Je vais dans une maison amie et j'y trouve des visages nouveaux ; j'espère qu'il s'y rencontrera quelques gens d'esprit, je fais usage de mon cornet. Je vois que ce ne sont que des sots ; aussitôt je le serre en disant : Je vous défie de m'ennuyer. »

Des remèdes contre la surdité. — La spécialisation des maladies de l'oreille a suscité, depuis quelques années, des traitements d'une efficacité indiscutable, donnant des résultats qu'on pourrait parfois qualifier de merveilleux. Elle voit, d'autre part, chaque jour s'élargir son champ de probabilités et s'affirmer meilleurs et plus sûrs ses moyens thérapeutiques et ses interventions chirurgicales. On ne saurait donc trop recommander, aux personnes atteintes de troubles auditifs, de faire, dès les premiers symptômes du mal, et avant toute chose, appel aux soins éclairés d'un médecin spécialiste des affections de l'oreille, de la gorge et du nez.

Les progrès considérables réalisés par la science oto-rhino-laryngologique ne permettent pas toutefois d'affirmer que son pouvoir curatif est absolu, et la cure de la surdité, malgré ses succès, n'a pas eu jusqu'ici le privilège d'échapper à la fatalité qui fait que, dans toute maladie, il est des cas, plus ou moins nombreux, rebelles à toute médication ou traitement. Mais, ce n'est pas là ce qui est le plus regrettable. Ce que l'on doit déplorer, c'est que, du fait de l'incurabilité de certains cas de surdité, il n'est pas d'infirmité pour laquelle l'empirisme ait inventé autant de recettes naïves et absurdes et où le charlatanisme, à force de réclame, se soit donné aussi libre cours. A tel point que, le plus souvent, avant même de s'adresser à un praticien digne de confiance, la première préoccupation du sourd est de s'informer où il pourra se procurer le merveilleux remède, le miraculeux appareil, qui doit, la réclame l'affirme, lui rendre l'usage du sens perdu.

Pour satisfaire ce désir, il n'a que l'embarras du choix et qu'à s'en rapporter aux journaux dont les colonnes abondent de ces annonces de découvertes et d'inventions, grâce auxquelles il n'y a plus de sourds.

Il n'entre pas dans notre esprit de critiquer de parti pris des remèdes ou des appareils dont il ne nous a pas été donné de contrôler les résultats, et encore moins de condamner tous les instruments acoustiques à l'usage des sourds. Parmi ces instruments, il en est dont on peut dire beaucoup de bien et proclamer la réelle utilité ; tels, par exemple, les cornets acoustiques, lesquels peuvent, dans une certaine mesure et dans certains cas de surdité, atténuer la dureté de l'oreille et rendre des services fort appréciables.

Mais nous considérons comme un devoir professionnel de nous élever et de mettre en garde les malheureux privés de l'ouïe contre les remèdes plus ou moins miraculeux n'ayant d'autre but que de les abuser par l'espoir d'une guérison illusoire.

Rendre l'ouïe aux sourds, sans exception, serait certes réaliser un beau rêve; et nous qui, vivant en quelque sorte au milieu de ces infortunés, sommes témoins constants de leurs souffrances morales et de leur découragement, serions les premiers à applaudir à la découverte du traitement susceptible d'opérer ce miracle. Malheureusement, les expériences faites jusqu'ici prouvent, par leurs résultats, que la guérison de la surdité, dans de trop nombreux cas encore, n'est pas sortie du domaine hypothétique, et qu'il y a de fortes raisons de croire qu'on ne trouvera pas de sitôt la panacée capable de faire revivre un sens considéré, par les otologistes consciencieux, comme irrémédiablement perdu.

En cette occurrence, nous estimons qu'il y a une œuvre utile et louable à entreprendre et parfaitement réalisable : celle de faire connaître les avantages et d'étendre les bienfaits de *la lecture sur les lèvres*, moyen de communication basé sur l'expérience et la physiologie, permettant au sourd de rester en contact avec son entourage et de vivre le moins mal possible avec son infirmité.

Qu'est-ce que la lecture sur les lèvres? — La

lecture sur les lèvres, appelée aussi *lecture labiale* ou *labiologie*, « est l'art de comprendre la parole d'autrui en observant la partie visible du jeu des organes phonateurs. Elle comprend deux opérations : *la lecture physique*, dans laquelle l'œil du sourd s'efforce de saisir chacune des images dessinées par la bouche qui parle et d'y associer une syllabe, et *la lecture psychique*, dans laquelle, assemblant les syllabes lues et les modifiant s'il y a lieu, le sourd en forme des mots ou des phrases et s'efforce de saisir la pensée de son interlocuteur (1).

Basée sur l'analyse des mouvements apparents des organes vocaux, des contractions des muscles de la face et du jeu de la physionomie qui accompagnent l'émission de la parole, la faculté de lire sur les lèvres consiste donc à faire remplir à l'œil les fonctions de l'oreille.

Cette faculté est naturelle et instinctive. — En raison des rapports qui existent entre les organes sensitifs et des secours qu'ils se prêtent mutuellement, la suppléance d'un sens absent par les autres sens est un phénomène logique et

(1) M. THOLLON, *Bulletin international de l'Enseignement des sourds-muets*, 1re année.

naturel de l'activité physiologique, démontré par l'expérience.

Nombreux, en effet, sont les exemples révélant que le besoin, né d'une fatalité physique ou d'une exigence sociale, prédispose les sens à remplir des fonctions pour lesquelles ils ne semblaient pas préparés et à interpréter des impressions qui échappent à quiconque n'est pas habitué à les recueillir.

Tout le monde connaît la grande habileté de l'aveugle à tirer parti de perceptions ne relevant pas des sens des voyants.

Nous pourrions citer quantité d'autres faits montrant que tous les sens, sans exception, sont susceptibles d'éducation et capables d'arriver, par l'exercice et l'entraînement, comme le toucher de l'aveugle, à une finesse et à une sûreté d'interprétation souvent étonnantes.

C'est, par exemple, l'acuité auditive du télégraphiste qui traduit les dépêches au son, d'après des bruits plus ou moins sonores et prolongés; du dilettante qui analyse, dans une harmonie musicale, tous les accords qui la composent et dont le sens auditif est désagréablement impressionné par les plus légères dissonances, etc.

C'est le sens du goût développé à un degré

extrême chez les professionnels de la dégustation.

C'est le sens olfactif lui-même, le moins important, qui s'accroît chez les personnes pour qui certaines manipulations exigent un odorat subtil.

En ce qui concerne le sens de la vue, le premier, le plus précieux et aussi le plus perfectible de tous, il nous paraît inutile de rapporter des faits, tellement ils sont nombreux, montrant à quel degré de discernement et de subtilité il peut parvenir.

Cette prédisposition des sens à l'entraînement et à l'accoutumance pourrait faire croire que la perte d'un sens augmente l'acuité des autres. Il n'en est rien. « Seule l'habitude d'agir, dit Bichat, perfectionne l'action, et, par là même que dans nos habitudes sociales un organe est plus occupé, il gagne en aptitude ce que perd celui qui s'exerce peu ou pas. »

Ainsi, pour en revenir à l'aveugle, il ne se produit chez lui aucun développement des sens de l'ouïe, du toucher, de l'odorat, mais une habitude d'interpréter plus attentivement les renseignements apportés par ces sens et une extrême habileté à tirer parti des impressions reçues.

Si l'aveugle arrive à interpréter, avec la sûreté que l'on connaît, des sensations qui échappent aux voyants, le sourd n'est pas moins habile à recueillir et à traduire des impressions visuelles qui échappent aux entendants ; l'œil étant, nous l'avons dit, l'organe le plus susceptible d'éducation et d'entraînement.

La faculté d'interprétation visuelle chez l'un, tout comme la faculté de discernement tactile chez l'autre, naît de l'infirmité, et c'est le besoin qui la développe.

Si, en effet, on observe un sourd, quel qu'il soit, on le voit, à son insu, porter son regard sur la personne qui parle, en observer la physionomie, les mouvements et les gestes, cherchant à deviner, dans ces phénomènes extérieurs et visibles de la parole, la formule verbale qui ne frappe plus son oreille. Le visage observé est pour lui un miroir qui reflète les pensées et les réflexions, les sentiments du cœur et les impressions de l'âme de son interlocuteur. Aussi n'est-il pas rare d'en rencontrer qui arrivent d'eux-mêmes, sans aucune méthode d'initiation, poussés uniquement par un besoin instinctif et naturel de rester en contact avec leurs semblables, à saisir tout ce qui se dit devant eux et à suivre une conversation avec une sûreté surprenante.

Développer par des moyens méthodiques et

rationnels ces prédispositions chez les personnes ayant perdue l'ouïe, leur apprendre à en tirer le meilleur parti possible, tel est le but des exercices de *lecture sur les lèvres.*

La lecture sur les lèvres a fait depuis longtemps ses preuves. — Précisément parce que la faculté de comprendre la parole d'après le jeu de la physionomie est naturelle chez les sourds, les principes en ont été reconnus depuis fort longtemps, et l'histoire de la surdité nous rapporte des cas nombreux de personnes qui, initiées à ce moyen de communication, avaient retrouvé, dans sa pratique, la sensation presque de l'audition normale. On pourrait rappeler quantité de ces faits remontant très loin dans le passé.

Nous nous bornerons à citer, à titre documentaire, celui rapporté par Rabelais d'un nommé « Messer Mella de Gabrielis qui, devenu sourd par accident, entendoit tout homme italien, parlant tant secrètement que ce fust, seulement à la veue de ses gestes et mouvements de ses baulèvres ».

Puis, cet autre publié en 1783 par l'abbé Deschamps (1) « d'une demoiselle d'un esprit

(1) *De la manière de suppléer aux oreilles par les yeux*, par l'abbé Deschamps, instituteur des Sourds-Muets, 1783.

vaste et remplie de connaissances, mais d'une très grande laideur qui, poussée par une curiosité naturelle, s'exerça avec le secours de son miroir à lire sur les lèvres, pour savoir ce que les hommes disaient d'elle ; elle parvint, après quelque temps d'application, au point de suivre, au mouvement des lèvres, une conversation tenue à voix basse dans l'éloignement. D'autres personnes, dit l'auteur, ont acquis les mêmes connaissances par cette voie, sans le secours d'aucun maître ; ces faits prouvent combien cet exercice est utile ».

A ces exemples, nous ajouterons celui plus récent, pris parmi beaucoup d'autres, d'une de nos élèves, jeune fille devenue sourde il y a une quinzaine d'années, à l'âge de 12 ans, et qui n'a, depuis cette époque, d'autre moyen de communication que *la lecture sur les lèvres*.

Elle est arrivée, dans cette pratique, à un tel degré de perfection, que la surdité ne semble opposer chez elle aucun obstacle à ses relations. Elle va chez les fournisseurs, dans les magasins, à la poste, voyage, reçoit, sans la moindre difficulté, ni la moindre appréhension, bien souvent, même, sans laisser rien paraître de son infirmité.

Pourquoi la lecture sur les lèvres est peu pratiquée. — Bien que la lecture labiale soit connue de longue date et qu'elle ait fait depuis longtemps ses preuves, c'est surtout depuis que s'est généralisé l'emploi de la méthode orale dans l'enseignement des sourds-muets, qu'on se préoccupe d'attirer l'attention des personnes devenues sourdes à un certain âge sur les bienfaits de ce mode de communication appliqué méthodiquement. Malheureusement, si fortes que soient les preuves sur lesquelles elle s'appuie, malgré les exactitudes et toutes les déductions, malgré les succès obtenus, malgré l'exemple des sourds-muets, *la lecture sur les lèvres* n'a pas, jusqu'ici, échappé au sort commun à toute pratique scientifique, même la mieux établie, qui est la résistance à être acceptée de tous; et les sourds qui font appel à ce moyen détourné d'entendre la parole sont, en France tout au moins, relativement peu nombreux.

Les autres, la grande majorité, subissent l'engouement qui, de nos jours, pousse vers les guérisons magiques et à la recherche du régénérateur d'un organe atrophié ou d'une faculté défaillante, dans l'emploi d'appareils spéciaux ou de méthodes plus ou moins étranges. Le moindre inconvénient de cet appel au merveilleux est généralement l'insuccès qui amène la résignation, quand ce n'est pas le découragement qui émousse la volonté et enlève l'énergie de lutter contre son mal.

La possibilité de lire sur les lèvres n'est pas sanctionnée seulement par des exemples isolés ; elle ne constitue ni une exception ni un privilège chez quelques sourds particulièrement doués. C'est une faculté susceptible d'être développée chez toutes les personnes atteintes de surdité quels que soient leur âge, leur situation sociale et leur degré d'instruction, pourvu qu'elles aient l'intelligence complète de leur langue parlée.

Comme nous allons le voir dans les chapitres suivants, ce moyen *d'entendre la parole* relève des lois naturelles et fondamentales qui président à la formation des éléments de la parole articulée; sa pratique repose sur l'interprétation des images buccales et du jeu de la physionomie, secondée par la suppléance mentale; et son enseignement est une des ressources fournies par la science pédago-physiologique.

CHAPITRE II

LES ÉLÉMENTS PHONÉTIQUES CORRESPONDENT A DES IMAGES FACIALES CARACTÉRISTIQUES ET LA FACULTÉ DE COMPRENDRE LA PAROLE AUX MOUVEMENTS DES LÈVRES REPOSE SUR L'OBSERVATION ET L'INTERPRÉTATION DE CES IMAGES FACIALES.

SOMMAIRE. — Les éléments phonétiques : voyelles et consonnes. — Considérations phonétiques sur l'alphabet : Voyelles. Consonnes. Diphtongues. — Description des images labiales et physionomiques des voyelles : *a*, *o*, *ou*, *è*, *é*, *i* *eu*, *u*. — Description des images buccales des consonnes : *p*, *b*, *m* ; *f*, *v* ; *ch*, *j* ; *s*, *z* ; *t*, *d*, *n* ; *l* ; *r* lingual ; *r* guttural ; *k*, *gu*. — La possibilité de lire sur les lèvres démontrée par la méthode graphique. — La suppléance mentale.

Les éléments phonétiques : Voyelles, Consonnes. — Avant d'aborder la description des images faciales et physionomiques des éléments dont se compose le langage articulé, et sur l'observation et l'interprétation desquelles repose la lecture sur les lèvres, il nous paraît utile de définir les éléments phonétiques et de dire la différence qui existe entre l'alphabet grammatical et l'alphabet phonétique, celui-ci étant le seul que nous devons considérer ici.

La parole est formée, chacun le sait, de deux éléments, les **voyelles** et les **consonnes**.

En grammaire, **les voyelles** sont des lettres qui ont un son par elles-mêmes et indépendamment de toute articulation.

En physiologie, **les voyelles** sont les diverses modifications dont se charge le son laryngien en traversant la cavité buccale dans des tuyaux organiques formés par les dispositions différentes des lèvres et de la langue.

Une des propriétés de la voyelle est d'exprimer un son qui peut se prolonger aussi longtemps que le souffle qui lui donne naissance. Elle est susceptible de longueur ou de brièveté, d'accent grave ou aigu, d'inflexion et de cadence, autres propriétés que n'a pas la consonne. Elle peut être prononcée seule et former ce qu'on appelle en grammaire une syllabe, en phonétique, un phonème.

Grammaticalement, **les consonnes** sont des lettres qui n'ont point de son par elles-mêmes et ne peuvent se prononcer qu'étant associées à la voyelle. Il n'y a pas de syllabe ni de phonème composé de consonnes seules.

Physiologiquement, **les consonnes**, seconds éléments du langage parlé, sont des bruits qui naissent de l'air retenu dans la cavité buccale par la pression, l'une sur l'autre, en vertu de leur connexion sympathique, d'au moins deux des organes articulateurs, lèvres, langue, dents, voile du palais.

Au point de vue phonétique, les consonnes peuvent être appelées encore articulations de voyelles, articulations produites par le jeu des organes que nous venons de nommer.

Le phonème, encore nommé élément ou unité phonétique, peut donc être défini le son formé par une voyelle soit simple, soit articulée, c'est-à-dire associée à une consonne.

Considérations phonétiques sur l'alphabet. Voyelles. — Considéré au point de vue phonétique, l'alphabet de la langue française diffère notablement de l'alphabet grammatical.

Les voyelles de l'alphabet grammatical sont : *a*, *e*, *i*, *o*, *u*, *y*.

En phonétique, l'y, qui fait double emploi avec l'i, disparaît. Mais, par contre, apparaissent deux nouveaux éléments que les grammairiens appellent des sons composés parce qu'ils sont représentés par deux voyelles, mais qui ne forment qu'un son unique proféré par une seule émission de voix. Ces deux éléments sont **eu** et **ou** que nous mettons au rang des voyelles simples.

De même, sont considérés comme voyelles, en phonétique, les sons **an**, **on**, **in**, **un**, formés grammaticalement par la réunion de certaines voyelles avec **m** ou **n**. Ces sons ne sont plus en effet des articulations de voyelles, mais des voyelles simples prononcées du nez.

Quant aux sons composés comme **eau**, **au**, **ain**, **aim**, **ein**, **œu**, **ei**, **es**, **ai**, etc..., improprement appelés diphtongues et que certains grammairiens appellent aussi voyelles polygrammes, ce sont des équivalents de voyelles simples ; nous n'avons donc pas à nous en occuper ici, puisque dans la lecture labiale ils seront lus comme ces voyelles simples.

Consonnes. — Les consonnes de l'alphabet grammatical sont :

b, *c*, *d*, *f*, *g*, *h*, *j*, *k*, *l*, *m*, *n*, *p*, *q*, *r*, *s*, *t*, *v*, *w*, *x*, *z*.

Au point de vue phonétique et de la lecture sur les lèvres, certaines de ces consonnes font double emploi.

C'est le cas de **q** et de **c dur** qui, ayant même

formation physiologique et même valeur phonétique que la consonne **k**, correspondent à la même image labiale ;

De **s** qui est l'équivalent du **c doux** et du **z**, suivant la valeur qui lui est attribuée par l'usage ;

De **g** qui, **dur** dans certains cas, devient **j** dans d'autres cas ;

De **h** qui est inutile, n'ayant pas de valeur phonétique ;

De **w** qui, se prononçant de diverses façons, ne représente pas une articulation définie :

Dans *whist*, il se prononce *ou* (*ouist*).

Dans *wagon*, il se prononce *v* (*vagon*).

Il se trouve donc l'équivalent de ces deux éléments simples et se lit de même sur les lèvres suivant les cas consacrés par l'usage.

x est passible de la même observation :

Se prononçant *ks* dans *Alexandre*,
gz dans *Xavier*,
s dans *six*,
ss dans *Bruxelles*,
z dans *dixième*,
k dans *excellent*,

il se lit sur les lèvres comme ces éléments simples ou composés.

Par contre, **ch** est considéré comme une véritable consonne dans l'alphabet phonétique.

Il en est de même de **gn** et **ill** qui sont des éléments complexes, correspondant à **l** ou **n** devant une diphtongue commençant par **i**, mais que nous devons néanmoins classer parmi les consonnes.

Notre alphabet se compose donc, en définitive :

Des voyelles buccales : *a*, *é*, *i*, *o*, *u*, *eu*, *ou*.

Des voyelles bucco-nasales : *an*, *on*, *in*, *un*.

Et des consonnes : *b*, *d*, *f*, *g*, *ch*, *j*, *k*, *l*, *m*, *n*, *p*, *r*, *s*, *t*, *v*, *z*, *gn*, *ill*.

Les consonnes, au lieu de leurs dénominations grammaticales *bé*, *dé*, *effe*, *gé*, etc..., sont désignées par le son propre qu'elles ont dans les syllabes où elles se trouvent, en ajoutant à ce son propre celui de l'e **muet**, qui est l'effet de l'expulsion de l'air nécessaire pour faire entendre la consonne. On dit : *be*. *de*, *fe*, *gue*, *che*, etc.

Diphtongues. — A côté des éléments simples, il est d'autres éléments dont nous avons encore à tenir compte dans la lècture labiale ; ce sont :

D'une part, les *diphtongues voyelles*, syllabes composées de deux sons différents et simultanés et dont les principales sont formées de l'union de **i**, **u**, **ou**, **a**, **é** aux autres voyelles buccales ou nasales :

ia, *io*, *iou*, *ié*, *ieu*, *iu*, *ian*, *ion*, *ien*,...

ué, *ui*, *ua*, *uo*, *uan*, *uon*,...
ao, *aü*, *aé*,...
éa, *éo*, *éi*, *éan*, *éon*, etc. (voir chapitre des exercices) ;

D'autre part, les symphones ou accouplements de deux ou trois consonnes que, par extension un peu abusive, nous appellerons diphtongues consonnes :
pl, *fl*, *cl*, *bl*, *vl*, *gl*,...
pr, *fr*, *cr*, *tr*, *br*, *dr*, *gr*, *vr*, etc...,
qu'on trouvera groupées au complet au chapitre des exercices.

Description des images labiales et physionomiques des éléments phonétiques. Voyelles. — Nous n'entrerons pas dans l'explication minutieuse du mécanisme physiologique des éléments de la parole, ce qui est plus spécialement du domaine de l'*Orthophonie*. Nous nous bornerons à décrire le jeu caractéristique des organes phonateurs dans ce qu'il a de plus perceptible à la vue et d'intéressant pour la lecture labiale.

Voyelles. — Nous avons dit que les voyelles étaient des modifications du son vocal correspondant à des dispositions différentes des lèvres et de la langue. En ne considérant dans ces manifestations de la voix que les positions les plus apparentes des organes, les voyelles peuvent se diviser en deux groupes, en partant du son *a*, regardé à juste titre comme la voyelle type, la mère des voyelles ; en ce sens qu'il suffit, pour la prononcer, d'entr'ouvrir naturellement la bouche et d'émettre un son laryngien, en laissant la langue au repos et sans contracter aucun des muscles qui agissent pour l'émission des autres voyelles.

Ces deux groupes de voyelles dérivées de **a** sont :

1° *a, o, eu, ou, u.*

2° *a, è, é, i.*

Elles exigent, pour être bien prononcées, ou bien un avancement, ou bien un écartement des lèvres, déterminant la fermeture buccale dans le sens vertical, pour le premier groupe, et dans le sens horizontal pour le second groupe. Ces mouvements des lèvres, d'autre part, se combinent avec des déplacements de la langue, en avant pour *eu, u, è, é, i*, et en arrière pour *o, ou.*

Si, en effet, nous plaçant devant une glace, nous prononçons isolément les voyelles, nous remarquons, en n'envisageant leur émission que dans ce qu'elle a de perceptible à la vue, que chaque élément correspond à une forme particulière et caractéristique de la bouche et à une position spéciale de la langue (1) :

« **a** (fig. 2). — Ce son vu nous présente la bouche largement ouverte, sans exagération; les incisives supérieures sont visibles pendant que les incisives inférieures affleurent à peine au bord de la lèvre ; on aperçoit la langue mollement étendue sur le plancher de la bouche, sa pointe en arrière des incisives inférieures.

Fig. 2. — Image labiale des voyelles *a*, *an*.

« C'est le son le plus facile à lire sur les lèvres

(1) Nous ne pouvions mieux décrire les caractères distinctifs des éléments phonétiques, considérés au point de vue de la Lecture sur les lèvres, qu'en empruntant cette description au remarquable ouvrage de notre ancien et distingué collègue Goguillot : *Comment on fait parler les sourds-muets*. Masson, éditeur, Paris, 1889.

et il est bien rare qu'un sourd le confonde avec un autre.

« **o** (fig. 3). — Pour l'émission de ce son, la bouche est un peu moins ouverte que pour la lettre a, elle présente une ouverture arrondie figurant assez exactement un **o**. Comme on l'a fait remarquer souvent, les dents ne sont pas visibles, la langue non plus.

Fig. 3. — Image labiale des voyelles *o*, *on*.

« Il peut être confondu avec **eu** comme lecture sur les lèvres.

« **ou** (fig. 4). — On pourrait dire de ce son que c'est un o fermé.

« En effet, pour le passage de l'**o** à l'**ou**, on voit les lèvres se rapprocher un peu plus, toujours en s'arrondissant, et s'avancer de plus en plus en s'écartant des dents qui restent invisibles.

« Le jeu des organes qui produit cette voyelle est le même que dans la formation de **o**. Il est seulement plus accentué. Le rapprochement des mâchoires est plus considérable et le muscle orbiculaire se contracte davantage.

FIG. 4. — Image labiale de la voyelle *ou*.

« Il y a une certaine analogie entre l'aspect de ce son et celui de l'**u**. Aussi peut-il être confondu avec lui par le sourd lisant sur les lèvres.

« **è** (fig. 5). — Dans la production du son **è**, la bouche est entr'ouverte et les commissures des lèvres écartées, de manière à laisser voir les dents d'en haut et celles d'en bas séparées par un intervalle représentant l'épaisseur du petit doigt. Quand la bouche est convenablement éclairée, on voit très bien la langue placée derrière les incisives inférieures.

FIG. 5. — Image labiale des voyelles è, *in*.

FIG. 6. — Image labiale de la voyelle é.

« La lecture de ce son sur les lèvres est généralement facile. Il ne peut guère être confondu avec d'autres.

« **é** (fig. 6). — L'**é** fermé se comporte, par rapport à è ouvert comme **ou** par rapport à **o** ; c'est le même jeu plus accentué. Les dents se rapprochent un peu plus, de même le retrait des commissures des lèvres s'accentue.

« Comme lecture sur les lèvres, ce son peut être confondu avec ses deux proches l'è et l'i.

« **i** (fig. 7). — La bouche, au moment de l'émission de i, a un aspect caractéristique; elle prend l'expression du rire. Aussi ce son est-il un des plus faciles à reconnaître pour la vue.

FIG. 7. — Image labiale de la voyelle *i*.

« Le jeu des organes est très semblable à celui de l'é, mais tout est plus marqué. Les dents sont très rapprochées, sans se toucher toutefois Les commissures des lèvres sont tirées dans leur écartement maximum.

« **eu** (fig. 8). — L'aspect du visage, dans la prononciation de ce son, est approximativement le même que pour o, surtout au milieu des mots. Aussi est-il facile de confondre l'un avec l'autre dans la lecture sur les lèvres. C'est par l'ensemble du mot que l'élève arrivera à rétablir la réalité. Le jeu des organes tient à la fois de celui de l'o

FIG. 8. — Image labiale des voyelles *eu*, *un*.

FIG. 9. — Image labiale de la voyelle *u*.

et de celui de l'è : de l'o pour le jeu des lèvres, de l'è pour le jeu de la langue.

« **u** (fig. 9). — Ce son a cette analogie avec **eu** que, comme lui, il participe de deux autres. Pour l'œil il a à peu près le même aspect que **ou**. Il peut donc être confondu avec lui. Tandis que les lèvres se placent comme pour **ou**, la langue a le même jeu que pour **i**. »

A ces voyelles, ayant entre elles certaines analogies mais présentant néanmoins des images faciales caractéristiques permettant à l'œil de les distinguer sans peine, viennent s'ajouter les voyelles nasales dont nous avons déjà parlé :

an, on, in, un,

qui ont respectivement le même aspect que :

a, o, è, eu (fig. 2, 3, 5, 8).

A moins d'exagérer les vibrations nasales des premières, ce qui serait peu naturel et donnerait à la physionomie un aspect grimaçant, celles-ci ne peuvent se différencier des secondes dans la lecture sur les lèvres. C'est donc sur l'ensemble du mot, ou sur le sens qui s'y attache, que le sourd doit compter pour en établir la distinction dans la parole articulée.

Description des images buccales caractéristiques des consonnes. — « Les consonnes, dit Legouvé, représentent la charpente du mot. Elles seules lui donnent un corps. On peut reconstituer un mot dont il ne reste que les consonnes comme Cuvier reconstituait un être dont il ne retrouvait que les os (1). »

En d'autres termes, l'assemblage des consonnes forme en quelque sorte le soutien du

(1) *L'Art de la Lecture.*

mot et elles en dessinent la forme générale. La remarque n'est pas seulement vraie pour les mots écrits, mais encore pour les mots parlés, c'est-à-dire pour l'écriture labiale ; et, rapprochée de la définition que nous avons donnée de la lecture sur les lèvres et des observations que nous faisons plus loin à propos de la lecture synthétique, elle montre l'importance qu'il convient d'attacher aux images faciales et caractéristiques des consonnes dans l'étude de la lecture labiale.

Si nous considérons ces éléments d'après leur analogie physiologique et suivant le jeu le plus visible des organes concourant à intercepter la libre sortie de l'air qui sert à leur éclosion, nous pouvons les diviser en sept classes dont les dénominations indiquent assez leur mode de formation.

Ce sont :

Les labiales proprement dites : *p*, *b*, *m*.

Les labio-dentales sifflantes : *f*, *v*.

Les linguo-palatales sifflantes : *ch*, *j*.

Les linguo-dentales sifflantes : *s*, *z*.

Les linguo-dentales : *t*, *d*, *n*, *l*.

Les linguo-palatales : *k*, *g* (*gu*), *gn*, *ill*.

La linguale : *r*.

La gutturale : *r*.

« **P** (1) (fig. 10). — Dans la formation de cet élément, on voit les lèvres pressées l'une contre l'autre et un peu pincées, les commissures légèrement reculées. Sous la force du souffle expiré, les lèvres sont violemment séparées et il se produit une explosion qui a fait donner à cet élément le nom de consonne explosive.

Fig. 10. — Image buccale des consonnes P, B, M.

« **B** (fig. 10). — L'aspect du visage dans la production de cet élément est bien peu différent de ce qu'il est pour la formation de l'élément précédent. Le jeu des organes ne diffère du p au b que par le bruissement laryngien qui accompagne la formation de ce dernier et par un léger abaissement de la région sus-hyoïdienne qui peut échapper à l'œil le plus observateur.

(1) Goguillot, *Comment on fait parler les sourds-muets.*

« **M** (fig. 10). — Cet élément peut être facilement confondu avec l'un ou l'autre des précédemment étudiés, car l'aspect du visage est presque entièrement pareil. Il est vrai que les lèvres appuient moins fortement l'une contre l'autre et que les ailes du nez vibrent ; mais ces phénomènes passent inaperçus dans l'articulation courante et ne sont d'aucune utilité pour la lecture sur les lèvres.

Fig. 11. — Image buccale des consonnes F, V.

« **F** (fig. 11). — Le visage, dans la formation de cette consonne, a un aspect tout particulier qui ne permet pas de confondre cet élément avec d'autres qu'avec **v**, son congénère. La lèvre supérieure est relevée et découvre les incisives supérieures, pendant que la lèvre inférieure, cachant les incisives placées derrière elle, se replie légèrement sous les dents supérieures qui la frôlent mollement sans intercepter la sortie du souffle.

« Pour passer de la position de repos à celle du **f**, le menton fait un mouvement en arrière et la lèvre inférieure vient se placer sous les incisives supérieures sans y appuyer très fort.

« **V** (fig. 11). — L'aspect du visage, dans la formation de cet élément, est absolument le même que pour **f**.

« **CH** (fig. 12). — Dans l'articulation de l'élément **ch**, la bouche a une forme particulière qui rend difficile la confusion de cette consonne avec d'autres, si ce n'est avec sa congénère **j** : les lèvres s'avancent en entonnoir et les dents sont visibles et légèrement séparées.

Fig. 12. — Image buccale des consonnes CH, J.

« **J** (**ge**) (fig. 12). — Le j a le même aspect que le **ch** dans la lecture sur les lèvres.

« **S** (ce, ç) (fig. 13). — Dans l'articulation du s, les dents supérieures et inférieures sont visibles et paraissent se toucher, comme pour i. Si l'on observe la bouche de très près, on peut voir la langue déborder légèrement sur les côtés et s'appuyer contre la couronne alvéolaire des molaires supérieures jusqu'aux canines ; à partir de ce point, elle s'abaisse derrière les incisives inférieures contre lesquelles elle s'arcboute assez fort.

Fig. 13. — Image buccale des consonnes S, Z.

« **Z** (fig. 13). — Cette consonne offre le même aspect que la précédente et dans la lecture sur les lèvres ressemble au s, comme le **v** ressemble au **f**, comme le **j** ressemble au **ch**.

« **T** (fig. 14). — Dans la production de cette articulation, on voit la langue, placée contre les dents supérieures, s'en détacher brusquement et venir se placer derrière les dents inférieures. Ce mouvement est visible principalement lorsque **t** accompagne l'une des voyelles **a**, **é**, **i**; il l'est moins dans les syllabes **to**, **teu**, et ne l'est plus dans **tou**, **tu**.

« Les dents, visibles dans les syllabes **ta**, **té**, **ti**, ne le sont presque plus dans les syllabes **to**, **teu**, et ne le sont plus du tout dans les syllabes **tu**, **tou**...

Fig. 14. — Image buccale des consonnes T, D, N.

« Pour articuler le **t**, la langue s'appuie dans toute l'étendue de ses bords contre la couronne alvéolaire, puis elle s'abaisse brusquement en se retirant derrière les incisives inférieures. Ce retrait brusque produit une explosion du souffle analogue à celle du **p**.

« **D** (fig. 14). — Le **d** est au **t** comme le **b** au **p**, comme le **v** est à **f**. C'est-à-dire que dans la lecture sur les lèvres **d** pourra facilement être confondu avec **t**, et qu'il faut compter sur la suppléance mentale pour les distinguer.

« **N** (fig. 14). — Le **n** a avec **t** et **d** la même analogie que **m** avec **p** et **b**. Cet élément pourra donc être confondu, dans la lecture sur les lèvres, avec **t** ou **d**.

Fig. 15. — Image buccale de la consonne L.

« **L** (fig. 15). — Dans l'émission de l. on voit la langue se placer derrière les incisives supérieures comme pour **n**, **d**, **t**.

« Le jeu de la langue n'est cependant pas absolument le même que pour ces trois articulations. Le mouvement de cet organe est plus accentué et la pointe seule vient s'appuyer contre les gencives des incisives supérieures, dans l'angle qu'elles forment avec la voûte palatine.

« **R**. — Cet élément, pouvant être articulé de

deux manières, peut se présenter sous deux aspects différents. Dans le **r lingual** (fig. 16), on voit la pointe de la langue vibrer rapidement en des oscillations qui vont du palais au bord des incisives supérieures. Ces mouvements sont d'autant plus visibles que le r est associé à une voyelle plus ouverte.

Fig. 16. — Image buccale du R lingual.

Fig. 17. — Image buccale du R guttural.

« Dans le **r guttural** (fig. 17) la langue ne fait aucun mouvement visible et cet élément est alors très difficile à lire ; il a l'aspect du **k**. Le sourd ne peut que deviner sa présence d'après la composition générale du mot qu'on lui donne à lire.

« **K** (**c**, **q**) (fig. 18). — Dans l'articulation du **k**, on voit la langue se porter en arrière en se relevant, à condition que cette consonne soit associée à la voyelle **a** ; quand elle est associée aux autres voyelles, ce mouvement ne peut être saisi.

Fig. 18. — Image buccale des consonnes K, G (gu).

« En se relevant, la base de la langue entre en contact avec le voile du palais, puis, se détachant vivement, une explosion se produit comme pour **p** et **t**.

« **G** (**gu**) (fig. 18). — Le **g** correspond à **k** comme **d** à **t**, comme **v** à **f**, **b** à **p**. L'aspect de cette articulation est donc le même que pour la précédente. Le jeu des organes est le même, avec cette différence que la base de la langue appuie un peu plus fort et sur une plus large surface contre le palais dans **g** que dans **k**. »

Nous ne parlons pas des consonnes **h**, **c**, **q**, **w**, **x**, **ill**, **gn**, pour les raisons que nous avons données au commencement du chapitre.

. . . .

Le jeu caractéristique des organes qui vient d'être exposé dans l'émission de chacune des voyelles et des consonnes n'est pas le plus essentiel dans la formation des éléments phonétiques, mais il est le plus appréciable à la vue et le seul par conséquent dont le sourd ait à tenir compte dans la lecture labiale.

Les dispositions et les mouvements des lèvres et de la langue qu'il est possible d'observer n'ont, d'autre part, rien d'absolu ni d'immuable.

Ainsi, en raison de l'extrême mobilité de la langue et de la grande élasticité du muscle orbiculaire des lèvres, l'ouverture buccale, pour l'émission des voyelles, peut varier à l'infini suivant les personnes. Mais, si le ton de la voix peut s'en trouver modifié, les formes labiales des voyelles restent suffisamment différentes et caractéristiques pour que l'œil exercé du sourd arrive à surmonter les difficultés qui résultent de ces variations.

De même pour les consonnes : par suite des liaisons des éléments entre eux, l'image labiale correspondant à ces éléments, considérés isolément, subit des transformations parfois sensibles qui en modifient profondément le caractère primitif.

Mais c'est encore là une difficulté facilement surmontable ; car, par une sorte de compensation, les positions et les mouvements des organes buccaux, dans la parole articulée, sont accompagnés de certaines contractions faciales, de tensions musculaires, de rictus, qui viennent augmenter la valeur expressive de la pensée et fournir des indications particulières et utiles que l'œil du sourd s'habitue à interpréter avec sûreté.

Il résulte de ce qui vient d'être dit que la parole ne se manifeste pas uniquement par des sons et des bruits perceptibles à l'ouïe, mais aussi par des images labiales visibles, et qu'on peut, non seulement entendre la parole, mais aussi la voir.

La possibilité de la lecture sur les lèvres démontrée par la méthode graphique. — La méthode graphique, découverte par l'illustre savant Marey, et que notre distingué collègue Marichelle, de son côté, appliqua, avec la compétence que lui confèrent ses études personnelles et approfondies de la question, à l'analyse du langage articulé, vient démontrer d'ailleurs, et de façon péremptoire, la possibilité de comprendre la parole aux mouvements des lèvres.

Personne n'ignore qu'à l'aide de la photographie instantanée on parvient aujourd'hui à surprendre et à fixer les images les plus fugitives et les mouvements les plus rapides ; à reproduire, par exemple, un train passant à toute vapeur, un cheval lancé au galop ; des oiseaux traversant l'espace et aussi les mouvements de la bouche chez une personne qui parle. On voit, dans ce cas, avec les dispositions successives des lèvres, celles de la langue dans la formation de certaines consonnes.

Or, une expérience qu'il était intéressant de faire était de savoir si des sourds, exercés à la lecture labiale, pourraient saisir et comprendre la suite des mots articulés par une personne, à la vue d'une série de photographies instantanées du visage de cette personne. Les résultats en furent concluants. Des sourds, initiés à la labiologie, n'hésitèrent pas à reconnaître, sur les chronophotogrammes, les mots et les phrases photographiés.

La lecture sur les lèvres n'est qu'une application, avant la lettre, si l'on peut s'exprimer ainsi, de cette lecture chronophotographique. Point n'est besoin, en effet, pour le sourd, que les images labiales soient représentées sur le papier et de recourir au zootrope pour les lire. Rien n'empêche son œil exercé de saisir directement, sur les lèvres, ce nouveau genre d'écriture et de remplir ainsi la double fonction d'enregistreur et de traducteur.

On objectera, non sans raison, qu'il s'agit là de mouvements trop fugitifs pour qu'il soit permis à la vue, malgré son extrême subtilité, de les enregistrer en détail et de transmettre assez rapidement au cerveau les impressions reçues qu'il doit interpréter.

Il est indéniable que l'œil, comme organe enregistreur des mouvements buccaux, est inférieur à l'appareil photographique; mais cette infériorité se trouve suppléée, non seulement par le jeu de la physionomie qui augmente la valeur d'expression des images buccales, mais aussi et surtout par la faculté d'interprétation qui seconde la vue et donne un sens précis aux expressions verbales évoquées par les images labiales correspondant aux syllabes, aux mots et aux phrases, et dont quelques fragments seulement ont pu être recueillis.

La suppléance mentale. — Cette *interprétation mentale* ou *suppléance mentale*, qui coopère avec la vue dans la lecture sur les lèvres et sans laquelle celle-ci ne serait pas possible, il est à peine besoin de la définir. C'est cette faculté qui fait que se précise, dans notre esprit, toute idée qui y a été plus ou moins vaguement évoquée par une impression confuse ou insuffisante des sens.

C'est à son intervention que les personnes exercées à la lecture des textes manuscrits doivent d'arriver à déchiffrer, presque sans difficulté, les écritures les plus hiéroglyphiques. C'est également cette faculté de saisir à demi-mot qui nous fait comprendre, sans hésitation, une parole dont l'oreille ne reçoit que des impressions vagues ou imparfaites, soit que des sons ou des articulations nous échappent par suite d'une mauvaise prononciation ou de l'éloignement, soit pour cause de dureté d'oreille. C'est aussi la suppléance mentale qui fait que nous nous représentons immédiatement dans son ensemble un objet, une scène, dont une partie seulement tombe sous nos sens.

Cette faculté contribue donc pour une large part à notre entendement. Et, qu'il s'agisse de la lecture graphique, de l'audition des sons articulés, de la vision ou de la lecture labiale, son intervention relève moins de la volonté et de la réflexion que de l'habitude ; et c'est à l'entraînement qu'elle doit d'interpréter avec assurance les impressions vagues ou confuses des sens.

Par ce qui précède, on voit que c'est sur des données et des observations physiologiques et psychologiques que repose la lecture sur les lèvres, qu'elle n'a rien d'artificiel ni de spécieux et qu'elle est, de tous les moyens recommandés pour venir en aide aux sourds, le seul rationnel, le plus scientifique, le mieux étudié, le plus sérieux, qui puisse intervenir efficacement quand le traitement médical n'a pu réussir à réveiller complètement l'ouïe.

La possibilité de remédier à la perte de l'ouïe par la lecture labiale étant ainsi constatée, nous allons examiner dans le chapitre suivant à quelles conditions cette étude est accessible aux sourds et peut donner des résultats réellement pratiques.

CHAPITRE III

CONDITIONS AUXQUELLES EST SUBORDONNÉ LE SUCCÈS DE LA LECTURE SUR LES LÈVRES

SOMMAIRE. — Nécessité d'une bonne vue. — Il faut vouloir et avoir confiance pour réussir. — Influence que doit exercer le professeur sur les dispositions de ses élèves. — La lecture sur les lèvres, reposant sur un alphabet labial incomplet et représenté souvent par des signes variables et imparfaits, ne peut être analytique. — La lecture synthétique, s'exerçant avec le concours de la suppléance mentale, est seule pratique. — L'éducation de la vue et de la faculté d'interprétation. — La connaissance approfondie du mécanisme de la parole s'impose au professeur de lecture sur les lèvres.

Nécessité d'une bonne vue. — L'œil étant appelé à suppléer l'ouïe et à remplir une fonction exigeant toutes les qualités d'une bonne vue, il va de soi qu'une acuité visuelle suffisante, ou rendue telle par l'emploi de lunettes, est indispensable à celui qui veut acquérir la faculté de comprendre la parole aux mouvements des lèvres et que ce moyen de relation ne peut être pratiqué qu'en pleine lumière, la bouche de l'interlocuteur du sourd exposée aux rayons lumineux.

A cette condition, on peut dire que tous les sourds sont capables d'apprendre à lire sur les lèvres.

Il faut vouloir et avoir confiance pour réussir. — Toutefois, le succès réel ne dépend pas uniquement d'une bonne vue, non plus de la méthode employée, ni de l'habileté du maître, mais pour beaucoup des dispositions particulières de l'élève.

L'application chez lui doit naître d'un besoin et être soutenue par la volonté et la certitude d'arriver au but poursuivi.

Si paradoxale, en effet, que soit cette affirmation, il est absolument vrai que la condition essentielle et primordiale du succès, *c'est de vouloir réussir* et que sans confiance, sans volonté ferme et persévérante, il n'est pas de résultats réellement satisfaisants à espérer de cette étude.

Pour cette raison, il est bon que le sourd n'attende pas, pour faire appel à cette ressource qui s'offre à lui de pallier son infirmité, d'être arrivé à cette résignation qui lui fait prendre son mal en patience, ou au désespoir qui le déprime et lui enlève tout moyen de se défendre. Les résultats seront d'autant meilleurs et plus rapides qu'il s'exercera plus tôt à la labiologie.

C'est donc dès que sa surdité a été reconnue incurable; alors qu'il souffre de l'isolement, qu'il n'a pas encore pris son parti de son infirmité, qu'il conserve l'espoir que son mal n'est pas sans remède et qu'il est disposé à tout tenter pour le conjurer; alors que sa volonté et son énergie sont toutes prêtes à surmonter les difficultés, que le sourd doit recourir à la lecture sur les lèvres.

Influence que doit exercer le professeur sur les dispositions de l'élève. — Mais lorsque le sourd — c'est malheureusement souvent le cas — se trouve dans un état d'apathie ou d'indifférence contre lequel il est incapable lui-même de réagir, il faut qu'une volonté étrangère se substitue à la sienne, fortifie son énergie défaillante et fasse naître chez lui l'espérance, ce grand moteur de la vie.

Cette volonté est celle du professeur.

Le rôle de ce dernier est double : il tient de celui du pédagogue et de celui du médecin; du premier, en créant et en développant méthodiquement une faculté nouvelle; du second, en remédiant à une infirmité physique et en apportant un soulagement à une souffrance morale.

L'enseignement de la lecture sur les lèvres étant ainsi, à la fois, un art et une science, pour le pratiquer, il faut des aptitudes toutes particulières. On peut même dire qu'il n'est pas d'enseignement dans lequel le caractère, le jugement, les qualités personnelles du maître, jouent un si grand rôle.

En dehors de ses capacités professionnelles, le professeur doit avoir, au plus haut degré, la vocation qui donne la qualité maîtresse en la circonstance, l'assurance.

Ayant à exercer une influence psychologique et persuasive, il lui faut cette science et cette conscience qui donnent une douce et forte autorité et, en même temps, cette conviction impulsive qui impose la confiance aux élèves et fortifie leur volonté. Il doit savoir détourner les doutes, chasser les inquiétudes, déloger l'idée fixe, l'idée déprimante qui fait naître le découragement, et les remplacer par une impression salutaire et curative.

Il doit faire enfin, par l'exposé des exercices qu'il sait rendre persuasifs, que chaque leçon laisse après elle la certitude chaque jour plus grande de la réussite, en se convainquant lui-même que son enseignement ne vaut, comme souvent l'ordonnance du médecin, que par la confiance qui s'y attache.

La lecture sur les lèvres, reposant sur un alphabet labial incomplet et représenté souvent par des signes variables et imparfaits, ne peut être analytique. — La lecture synthétique, s'exerçant avec le concours de la suppléance mentale, est seule pratique. — En présence des difficultés que semble avoir à surmonter l'œil du sourd pour arriver à discerner l'expression verbale dans les mouvements si subtils et si fugitifs des lèvres, on a longtemps soutenu — et aujourd'hui il est encore des partisans de cette manière de voir — que la lecture labiale n'était possible que sur les lèvres de personnes prononçant lentement et nettement, en détachant toutes les syllabes des mots, suivant en quelque sorte une méthode d'épellation; et que le sourd devait pouvoir reconnaître et analyser, dans la labiologie, toutes les manifestations buccales, distinguer tous les éléments constitutifs des syllabes et détacher, pour les lire, toutes les syllabes du mot et tous les mots de la phrase.

Ainsi comprise, la lecture sur les lèvres ne serait plus un moyen pratique de communication, mais une sorte de mimique labiale ne pouvant servir de lien de relation qu'entre gens qui y seraient initiés.

Autrement dit, pour pouvoir communiquer avec un sourd, il faudrait préalablement se familiariser avec une façon de parler peu naturelle et relevant plutôt de la mimologie.

Or, ne serait-ce pas paradoxal de reconnaître au sourd le droit d'imposer aux entendants une manière de prononcer n'ayant de commodité que pour lui ? Et ne semble-t-il pas, au contraire, plus logique et plus rationnel d'admettre que c'est à lui de s'entraîner à comprendre la parole courante de tous ceux avec lesquels il peut avoir à converser ? Si non, la lecture labiale serait un mirage et illusoires seraient les résultats à attendre d'elle.

D'ailleurs, pour la rendre pratique, il est un moyen, consacré aujourd'hui par l'expérience, qui consiste à apprendre au sourd à ramener à une unité d'image synthétique les mouvements buccaux correspondant aux syllabes, aux mots et, dans une certaine mesure, aux formules usuelles. En d'autres termes, c'est dans la lecture synthétique que réside pour le sourd la possibilité de lire réellement sur les lèvres sans qu'il soit nécessaire à son interlocuteur de recourir à une prononciation artificielle. C'est ce que nous allons nous efforcer de démontrer.

Considérée au point de vue purement physiologique, la parole est formée d'éléments correspondant chacun à des positions et des mouvements caractéristiques, précis et bien définis des organes phonateurs. Mais, envisagée au point de vue de la lecture labiale, c'est une sorte d'écriture physionomique formée d'images buccales; et, ainsi représentée, elle ne peut être analysée que superficiellement. En effet, le jeu des organes soumis à l'examen de la vue se borne presque exclusivement aux mouvements caractéristiques des lèvres qui forment, en quelque sorte, la porte extérieure de l'instrument vocal. S'il est le plus apparent et le seul qui intéresse dans la lecture labiale, il n'est pas, tant s'en faut, le plus important dans l'émission de la parole articulée et de ce fait ne peut fournir, sur la valeur des éléments phonétiques, que des indications vagues et superficielles, rendant la lecture analytique bien peu facile, sinon impossible. Si, de plus, on se rend compte que la succession sur les lèvres des dessins phonétiques est un phénomène trop rapide et trop fugitif pour être, dans tous ses détails, objectivé et analysé par l'œil, attendu qu'il faut un certain temps pour que la sensation recueillie par la rétine et transmise par le nerf optique parvienne jusqu'au cerveau et l'impressionne, on s'explique sans peine que la vue, malgré son degré d'impressionnabilité, en soit réduite à ne pouvoir enregistrer et retenir que des images d'ensemble.

D'autre part, dans la gamme des éléments phonétiques, il est des « sosies » que, dans la pratique, il est impossible de discerner les uns des autres. Par exemple, les voyelles *an*, *on*, *in*, *un*, ayant respectivement le même aspect facial que les voyelles *a*, *o*, *è*, *eu*, ne peuvent être distinguées de ces dernières, si on n'exagère pas le frémissement des ailes du nez; et encore la différence qui en résulte est-elle bien peu perceptible à la vue, dans l'émission de la parole, et seul l'ensemble du mot et de la phrase permet de ne pas confondre ces congénères. De même, dans le langage courant, il n'est pas possible à l'œil de différencier les consonnes *p*, *b* et *m*, *t*, *d* et *n*, *f* et *v*, *s* et *z*, *ch* et *j*, *k* et *g* (gu), *l* et *n*, bien qu'il y ait dans leur prononciation isolée des nuances physiologiques susceptibles d'être distinguées.

Ainsi (1), le *p* diffère du *b* par une émission plus rapide et plus énergique.

« Dans l'émission de l'élément *m*, les lèvres sont moins pincées et plus légèrement plissées que pour *p* et *b*, l'articulation en est plus lente et plus douce et on remarque dans la physionomie une légère contraction des muscles faciaux et, en particulier, des muscles du nez.

« L'articulation du *d* et du *g* (gu) est plus soutenue que celle du *t* et du *k* (c, q); en outre, elle peut être reconnue par les vibrations assez visibles de la partie antérieure du cou.

« Le *t* diffère du *d* et le *k* du *g* (gu) par l'énergie et la rapidité de l'articulation.

« L'émission du *f*, du *s* et du *ch* est moins soutenue et plus énergique que celle des éléments *v*, *z*, *j*, qui, de plus, sont accompagnés d'une expression plus calme de la physionomie.

« L'articulation du *l* exprime la placidité; celle de *n*, au contraire, présente un aspect de sévérité qui s'allie fort bien avec son emploi dans les différentes formes du langage. »

Mais toutes ces particularités distinctives, marquées par des degrés de tension ou de pressions musculaires des organes, de lenteur, de

(1) Et. Coissart, professeur à Nantes, *Bulletin International de l'Enseignement des sourds-muets* (1re année).

douceur et de calme dans la prononciation, de rapidité ou d'énergie dans l'articulation, sont si peu sensibles dans la parole courante, qu'elles sont insuffisantes pour impressionner sûrement l'œil, et c'est encore l'image du mot ou le sens de la phrase, qui peut seul faire donner à chaque lettre sa valeur exacte.

D'un autre côté, le nombre des images labiales que l'œil est appelé à distinguer et à graver dans sa mémoire ne se limite pas aux trente-deux positions ou mouvements des éléments phonétiques que nous avons énumérés. Ces images faciales et caractéristiques n'ont rien d'absolu, chacune d'elles subissant, par suite de la liaison des éléments entre eux, des déformations qui en modifient profondément le caractère primitif et particulier.

Il serait trop long, et hors du cadre que nous nous sommes tracé, de signaler ici toutes les modifications d'images buccales auxquelles donne lieu le contact des voyelles et des consonnes ; nous dirons seulement, pour résumer les lois qui régissent les associations d'éléments dans la syllabation, qu'en général « toutes les consonnes se prononcent avec la position des lèvres qui appartient à la voyelle associée ». Mais nous insistons sur cette conséquence de la syllabation pour montrer, là aussi, l'impossibilité où serait l'œil de se reconnaître dans l'analyse de toutes ces variations et d'appliquer à la lecture labiale telle ou telle règle qui régit la liaison des sons entre eux, où tantôt la consonne éclaire la voyelle et où tantôt la voyelle éclaire la consonne. Ici encore, la pratique seule de la lecture synthétique peut donner la clé de toutes ces modifications.

Enfin, il faut compter avec la prononciation particulière à chaque personne. Indépendamment de l'articulation défectueuse des gens parlant entre les dents ou du bout des lèvres, escamotant des syllabes entières ou ayant une manière spéciale d'émettre certains éléments, nous avons vu qu'un même son peut, suivant les personnes, affecter des formes labiales fort différentes. Sans influence sur la pureté du son et la netteté de la parole, ces variations sont autant de difficultés pour la lecture analytique.

Il se dégage de toutes ces considérations que les images buccales correspondant aux éléments phonétiques constituent un alphabet labial incomplet et souvent très imparfait, et que le sourd ne peut et ne doit pas voir, dans les mouvements des lèvres, une suite de signes simples et isolés à traduire suivant un mode convenu. Il n'en peut et n'en doit retenir que des images d'ensemble de syllabes, de mots et d'expressions, évoquant, en même temps que les idées, leurs expressions parlées, à la manière des images auditives représentées par les mots articulés et des images graphiques formées par l'écriture ou par la sténographie.

Il est évident que le sourd lira avec d'autant plus de facilité que la parole de son interlocuteur sera plus nette, plus distincte, plus posée; par contre, qu'il éprouvera d'autant plus de difficultés qu'il aura affaire à une personne prononçant plus ou moins bien. Mais une mauvaise articulation est un obstacle auquel il s'habitue et qu'il parvient à vaincre avec de l'exercice et de l'entraînement.

On peut, à ce sujet encore, rapprocher la lecture labiale de la lecture manuscrite. L'écriture qu'on lit le plus facilement est l'écriture bien formée ou celle qu'on a le plus souvent sous les yeux; mais, entraîné par la pratique, on arrive sans peine à lire les textes les moins bien calligraphiés et à déchiffrer les plus mauvais griffonnages.

Il en est de même pour l'écriture labiale. La parole que le sourd comprend d'abord le mieux est celle de son professeur, puis celle des personnes de son entourage, avec lesquelles il est le plus souvent en rapport, surtout si elles savent s'inspirer, en parlant, des conseils du maître; et enfin, avec de la pratique, du temps et de la volonté, celle de tout le monde indistinctement.

L'éducation de la vue et de la faculté d'interprétation mentale. — La lecture sur les lèvres synthétique étant basée, d'une part sur la distinction des images faciales et sur le jeu de la physionomie, et d'autre part sur la suppléance mentale, les exercices d'initiation doivent poursuivre à la fois l'éducation de la vue et celle de la faculté d'interprétation.

L'éducation de la vue consiste à entraîner l'œil à recueillir les moindres indices physionomiques ayant une valeur expressive de la pensée. Quant à la faculté d'interprétation, le sourd l'acquiert rapidement du fait de son infirmité et arrive généralement à la posséder à un haut degré. Il y a donc moins lieu de la développer que de la discipliner. Les exercices faits dans ce sens auront pour but d'apprendre aux élèves à subordonner la suppléance mentale à l'action de la vue, à avoir confiance dans les impressions visuelles recueillies, à tenir compte et à traduire des images faciales dont quelques fragments seulement auront été saisis. Ces exercices, comme ceux qui se proposent l'éducation de la vue, sont indiqués au chapitre IV.

La connaissance approfondie du mécanisme de la parole s'impose au professeur de lecture sur les lèvres. — Le succès dans l'application d'une science étant subordonné à l'étude qu'on a faite des éléments de cette science, la connaissance approfondie du mécanisme de la prononciation s'impose à quiconque veut enseigner la lecture sur les lèvres. Pour pratiquer cet enseignement, il est indispensable de connaître la nature et les effets de l'instrument vocal; de savoir comment se combinent, suivant leur affinité physiologique, les organes vocaux pour la production des éléments phonétiques ; d'être familiarisé avec les liens de parenté des sons et des articulations, avec leurs qualités, leurs rapports et leurs caractères distinctifs; de posséder, enfin, ce tour de main, si l'on peut dire, que donnent seules une longue expérience et de patientes et laborieuses observations sur la formation du langage articulé.

Pour apprendre, en effet, à une personne

sourde à reconnaître sur les lèvres les mouvements parfois si subtils et si peu perceptibles de la parole, le professeur est tenu, au début, de les accentuer, de les exagérer un peu et de passer d'une position à une autre avec une lenteur calculée, tout en évitant d'ouvrir trop la bouche et de faire des contorsions qui dénatureraient et fausseraient les dispositions des organes buccaux. Il doit donc savoir, même dans une certaine exagération, conserver aux positions et aux mouvements des organes leur exactitude et leur naturel.

De plus, l'enseignement par lui-même n'ayant rien d'attrayant pour l'élève, il dépend du maître de le rendre, sinon agréable, du moins aussi peu fatigant et aussi peu rebutant que possible.

Pour cela, il doit s'appliquer, non seulement à sérier les exercices par ordre de difficulté, en allant du plus au moins facile et suivant une progression impulsive, et on pourrait même dire suggestive, mais encore à les exposer avec une éloquence documentée d'exemples, de connaissances techniques, d'observations physiologiques qui inspirent confiance à l'élève, retiennent son attention et forcent son application.

Les explications sur la nature, les qualités,

FIG. 19. — Explication devant la glace des positions et des mouvements correspondant

les caractères distinctifs des éléments phonétiques et de leurs combinaisons syllabiques doivent être données devant une glace, c'est-à-dire en présence des images buccales et phy-

FIG. 20. — Concours du toucher.

sionomiques susceptibles d'impressionner la vue. Il n'est pas de nuances, si peu perceptibles soient-elles, qui ne puissent fournir des indications appréciables ou fixer un point de repère utile et, partant, qui ne méritent d'être observées. Et, vues sur sa propre physionomie, elles retiennent davantage l'attention de l'élève et affectent plus fortement sa sensibilité visuelle (fig. 19).

Le toucher peut être aussi utilement employé. Après avoir fait appel au sens tactile, nous avons pu constater, maintes fois, chez des élèves, une plus grande facilité à discerner certains indices physionomiques qui avaient échappé tout d'abord à l'attention de l'œil (fig. 20).

Étant démontré que la vue chez le sourd vient naturellement et instinctivement au secours de l'ouïe absente ou insuffisante, l'enseignement de la lecture sur les lèvres se réduit à des procédés plus ou moins habiles, plus ou moins ingénieusement combinés, venant aider la nature et faciliter sa tâche.

L'ensemble de ces procédés constitue une méthode simple et pratique que nous allons nous efforcer d'exposer aussi clairement que possible.

CHAPITRE IV

DES MOYENS A METTRE EN ŒUVRE POUR ARRIVER A LA PRATIQUE DE LA LECTURE SUR LES LÈVRES

SOMMAIRE. — Observations sur l'application des exercices d'initiation et d'entraînement à la lecture sur les lèvres. — Dictées. — Ordre et progression à suivre. — Importance des exercices abstraits. — Remarques sur les exercices destinés à exercer la suppléance mentale. — Comment se lisent les mots et les phrases. — Parti à tirer de l'emploi du toucher et de la glace. — Lecture de profil. — Inconvénient pour le sourd de s'exercer au début sur les lèvres de plusieurs personnes. — Quelques conseils. — Groupes d'*Exercices pratiques* ayant pour but l'éducation de la vue. — Remarques particulières à chaque groupe. — *Exercices* destinés à entraîner la suppléance mentale. — Conclusion.

Observations sur l'application des exercices d'initiation et d'entraînement à la lecture sur les lèvres. Dictées. — Les exercices d'initiation et d'entraînement à la lecture sur les lèvres consistent en **dictées**.

Placé à une distance de 1 à 2 mètres de son

élève, bien en face de lui et le dominant un peu (figure 21), la tête immobile et le visage en pleine lumière, de manière que tous les mouvements visibles de ses organes buccaux et le jeu

FIG. 21. — Comment se placer pour une leçon de lecture sur les lèvres.

de sa physionomie puissent être observés et distingués sans peine, le professeur dicte posément et en articulant nettement, d'abord des voyelles et des consonnes ; puis, des syllabes et des combinaisons syllabiques formées de ces éléments ; ensuite, des mots composés de ces syllabes; et enfin, des phrases dans lesquelles entrent les mots précédemment dictés.

L'élève fixe son regard sur les lèvres du professeur. Il observe tous les mouvements buccaux et relève les moindres indices physionomiques qui accompagnent l'émission de la parole. Il grave dans sa mémoire visuelle et interprète les images faciales correspondant aux éléments du langage articulé, syllabes, mots, formules, qu'il répète à haute voix au fur et à mesure qu'il les lit sur les lèvres.

Les dictées sont sériées par groupes comprenant des exercices plus ou moins nombreux sur lesquels on retient l'élève aussi longtemps que l'exige le succès de la lecture labiale (voir Exercices).

Ces groupes, au nombre de **cinquante-six**, se divisent en deux catégories. La première, formée des groupes de 1 à 36, comprend les exercices d'initiation proprement dits. Ils se proposent l'étude des éléments de la phrase avec la vue comme unique agent d'interprétation. La seconde catégorie de 37 à 56 se compose des exercices d'application et ont pour but l'entraînement du sourd à la pratique de la lecture sur les lèvres, en établissant, entre la vue et la suppléance mentale, la corrélation nécessaire et indispensable dont nous avons parlé.

Les dictées de chaque groupe sont coordonnées comme il suit, du moins dans les exercices d'initiation :

1° Dictées d'éléments simples et isolés ;
2° — de syllabes et de combinaisons syllabiques abstraites;
3° — de mots ayant un sens connu ;
4° — de phrases usuelles ;
5° — de petits récits portant sur des faits familiers à l'élève ;

auxquelles dictées s'ajoute comme exercice d'application :

6° La conversation, à mesure qu'elle devient possible.

Ordre et progression à suivre. — Ces exercices se font presque simultanément, c'est-à-dire qu'on n'épuise pas, par exemple, les dictées de tous les éléments simples, voyelles, consonnes, diphtongues, avant d'aborder les dictées de syllabes; ni celles-ci, avant de passer à des dictées de mots puis de formules (voir énumération des exercices constituant les premiers groupes, page 93 et suivantes).

Quant à l'ordre à suivre dans l'étude des éléments et de leurs combinaisons syllabiques, il n'a rien d'absolu. Il ne saurait cependant varier beaucoup, attendu que la plus élémentaire déduction impose de procéder progressivement, en allant du simple au complexe, du plus au moins facile à percevoir.

Le premier exercice de chacun des groupes d'initiation a pour objet l'étude analytique des positions et des mouvements des organes buccaux dans la formation des éléments phonétiques, pris isolément.

Il porte d'abord sur les éléments simples représentés par des images labiales très différentes entre elles et par conséquent plus faciles à distinguer à la vue (voir 1er groupe); puis sur les éléments correspondant à des images faciales moins caractéristiques ou ayant une certaine analogie avec les précédentes et partant moins faciles à percevoir (voir 2e groupe); et ainsi de suite, dans l'ordre des difficultés de perception.

La distinction des éléments isolés, même similaires, ne présente pas de grandes difficultés et ne demande pas qu'on s'y arrête longtemps. Leurs formes labiales perdant, on le sait, de leur caractère particulier dans la syllabation, s'y attarder serait aller à l'encontre du but poursuivi, qui est la lecture des syllabes, des mots et des phrases vus dans leur ensemble. A ce point de vue, nous nous trouvons d'accord, sans le rechercher, conduit simplement par la logique, avec les nouveaux principes pédagogiques de la lecture typographique qui veulent, pour plus de simplicité, qu'on donne, non la valeur intrinsèque des lettres, mais la prononciation qu'elles ont dans les mots, sans passer par le système d'épellation.

Pour cette raison, nous abordons dès le début les exercices syllabiques ayant pour but l'étude des images labiales correspondant aux syllabes, d'abord dans ce qu'elles ont de plus simple, puis progressivement dans leurs combinaisons plus complexes.

Importance des exercices abstraits. — Il convient d'insister beaucoup sur ces exercices abstraits, afin de bien familiariser l'œil avec les images buccales de tous les groupements syllabiques en l'accoutumant à se fixer sur les lèvres.

Nous avons fait remarquer que le sourd prend instinctivement l'habitude d'observer la physionomie des personnes qui parlent. Or, la lecture sur les lèvres exige, non que l'œil erre sur le visage pour chercher à y deviner l'expression verbale qui échappe à l'oreille, mais qu'il se fixe uniquement sur la bouche, les indications physionomiques venant toujours assez à son aide. Les exercices abstraits de syllabation peuvent seuls soumettre la vue à cette obligation ; car, n'ayant aucun sens par eux-mêmes, pour être réellement lus, ils contraignent le sourd à ne compter que sur les impressions recueillies sur les lèvres.

Remarques sur les exercices destinés à entraîner la suppléance mentale. — Si les exercices abstraits sont d'une importance capitale pour habituer l'œil à distinguer les mouvements d'ensemble des combinaisons syllabiques et préparer le succès de la lecture synthétique, il faut admettre qu'ils sont monotones et fastidieux. Pour rompre, d'une part, cette monotonie et, d'autre part, entraîner le plus tôt possible la faculté d'interprétation à prêter son appui à la vue, dans le sens que nous avons indiqué, on fera sans attendre des dictées de mots ayant un sens précis : dictées de noms d'abord, puis de mots quelconques, ensuite de noms précédés d'un déterminatif ou accompagnés d'un qualificatif, ou bien encore de noms suivis d'un terme générique. Le sourd sera ainsi amené peu à peu à établir les rapports existant entre les images labiales et synoptiques des mots et les choses ou les idées qu'elles représentent.

Ces dictées, limitées au début, comprendront des mots de plus en plus nombreux à mesure que l'on avancera dans l'étude des éléments et de la syllabation.

Comment se lisent les mots et les phrases. — Dans la lecture des mots, de même que dans celle des syllabes, le sourd n'a pas à tenir compte des règles qui régissent l'association des éléments. Un mot est reconnu tantôt d'après l'image d'ensemble qui le peint sur les lèvres; tantôt d'après la caractéristique d'un ou deux éléments ou d'une ou deux syllabes qui impressionnent l'œil en passant; tantôt aussi d'après sa valeur linguistique devinée par le sens entrevu de la phrase.

Prenons, par exemple, les mots **automobile, parapluie, quartier.**

Le premier sera reconnu sans difficulté d'après son image faciale d'ensemble, caractérisée par la succession de trois syllabes renfermant la voyelle **o** et par la répétition successive des deux labiales **m, b.**

Le mot **paraplui**e se reconnaîtra à deux images partielles correspondant, la première à la syllabe **pa**, facile à lire, et la seconde, très caractéristique, à la syllabe **pluie**. Entre **pa** et **pluie**, il y a, en quelque sorte, interruption du courant visuel, comme un vide, mais que la suppléance mentale vient combler spontanément et sans difficulté.

Quant au mot **quartier**, à moins d'exagérer les positions et les mouvements des organes buccaux correspondant à ses éléments isolés ou syllabiques et de recourir à la lecture analytique, il est certain qu'il ne sera pas lu avec la même facilité que les deux mots précédents. D'abord, parce que, peut-être moins usuel, l'œil n'est pas habitué à sa forme labiale et aussi parce qu'il n'éveille pas dans l'esprit une chose précise et familière comme les mots **automobile** et **parapluie** ; mais surtout parce que sa prononciation n'offre pas à la vue une image faciale d'ensemble bien caractérisée, ni d'images partielles permettant à la suppléance mentale d'intervenir et de deviner le mot.

Mais que l'on demande au sourd exercé à la lecture labiale :

Quel quartier habitez-vous ?

Sans la moindre hésitation il répondra à la

question. Ici, c'est le sens de la phrase qui lui aura fait trouver le mot.

Alors que si je dis :

Êtes-vous venu en automobile ?
Le temps menace, prenez votre parapluie.

Ce sont les mots **automobile** et **parapluie**, faciles à lire, qui aident pour beaucoup à comprendre la formule.

La lecture des phrases est passible des mêmes remarques et des mêmes observations que celle des mots isolés.

Une phrase sera lue parce que, d'un usage fréquent, le sourd en aura gravé dans sa mémoire la forme labiale d'ensemble.

Telle autre sera reconnue, parce que renfermant des mots correspondants à des images faciales typiques et partant de lecture facile, ou encore des locutions ou assemblages de mots qui reviennent souvent dans la conversation et constituent autant de points de repère sûrs pour l'œil du sourd.

Pour une autre, il suffira d'un mot vu, de quelques syllabes surprises au passage, de l'expression du visage pour mettre sur la voie et amener la compréhension.

Parti à tirer de l'emploi du toucher et de la glace. — Il est parfois impossible, même au sourd, de dire exactement de quelles manifestations buccales ou faciales relève pour lui l'intel-

Fig. 22. — Étude de tension et de pression musculaires.

ligence d'un mot ou d'une phrase. Les moindres plis du visage, les moindres contractions musculaires de la face, les indices les plus fugitifs, recueillis par la vue, ayant pour celui qui est exercé à la lecture labiale une valeur expressive de la pensée.

Il convient donc de ne rien laisser dans l'ombre qui soit de nature à inspirer l'œil du sourd. Et, pour cela, il est nécessaire d'attirer son attention sur les moindres particularités physiono-

FIG. 21. — Étude du jeu de la physionomie.

miques concomitantes aux positions et aux mouvements des lèvres dans l'émission de la parole et capables d'impressionner sa vue et de faciliter son entendement

Pour ces investigations, on aura recours à la glace et au toucher (fig. 22 et 23). C'est ainsi qu'on fera remarquer le degré de tension ou de pression musculaires caractérisant les labiales *p*, *b*, *m*, *f*, *v*, les contractions ou les vibrations distinguant certains éléments, comme *k*, *g*, *r*, *l*, etc.

On pourra aussi, pour l'étude du jeu de la physionomie, faire appel au petit moyen représenté par la figure 24. Le maître s'applique sur la bouche une petite rondelle de carton, et les lèvres étant ainsi dissimulées, il prononce des éléments, des syllabes, voire même des mots que l'élève doit deviner au seul aspect du visage.

Il est juste de dire que ces petits procédés ont autant pour but d'exercer la vue que d'agir favorablement sur les dispositions du sourd en impressionnant son esprit.

Lecture de profil. — La possibilité de la lecture labiale étant naturellement subordonnée à la position qu'occupe le sourd vis-à-vis de la personne qui lui parle, nous avons dit que la situation la plus favorable pour le premier est d'être placé bien en face de la seconde, le visage de celle-ci tourné vers la lumière. Mais il faut envisager le cas où le sourd n'est pas, dans la conversation, le seul interlocuteur et où il peut, pour une raison ou pour une autre, se trouver dans des conditions moins propices. Pour obvier à cet inconvénient, il est bon qu'il s'habitue à lire de profil (fig. 25), et des exercices d'entraînement, pris parmi ceux de la seconde catégorie, doivent être faits dans ce but.

Fig. 25. — Lecture de profil.

Inconvénient pour le sourd de s'exercer au début sur les lèvres de plusieurs personnes. — Étant donné que l'usage est ici le meilleur des maîtres, il est généralement recommandé aux sourds qui étudient la lecture labiale de s'exercer sur les lèvres du plus grand nombre possible de personnes. Le principe de cette recommandation est juste, mais nous y ferons une restriction.

La lecture sur les lèvres étant un exercice essentiellement d'adaptation, il est préférable qu'au

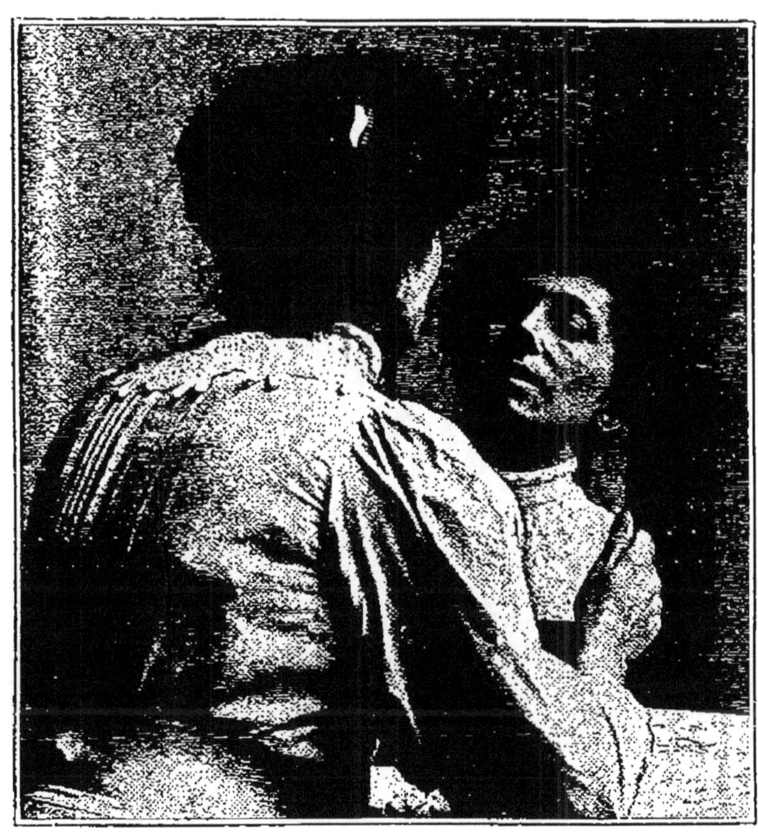

Fig. 26. — Exercice devant la glace, sur ses propres lèvres.

début l'élève ne s'exerce que sur les lèvres du professeur, afin d'éviter, dans les formes buccales, des diversités qui viendraient troubler ses impressions visuelles. C'est seulement lorsqu'il est à même de comprendre couramment son maître qu'il pourra, non pas encore s'essayer sur toutes les lèvres, mais d'abord sur celles d'une

FIG. 27. — Étude devant la glace avec contrôle du toucher.

personne de son entourage, initiée par le professeur à la manière de procéder et aux genres d'exercices à faire. Progressivement ensuite, il multipliera ses essais sur la bouche d'autres familiers, de façon à se faire peu à peu la vue.

En étendant ainsi graduellement le champ de

son expérience, il ne risquera pas de se heurter à des difficultés qu'il appartient à la pratique seule de surmonter ; et au lieu du découragement qui en résulterait, c'est au contraire la confiance dans le moyen qui s'affirmera et le succès assuré du but poursuivi, qui est la lecture sur toutes les lèvres. Ajoutons qu'il peut aussi, pour se familiariser avec les images buccales, s'exercer sur ses propres lèvres en se plaçant devant une glace (fig. 26 et 27).

Quelques conseils. — Les dictées se font d'abord dans l'ordre indiqué (1) puis dans l'ordre contraire, ensuite dans un ordre quelconque, suivant les besoins de l'enseignement.

Les éléments, puis les syllabes, sont prononcés naturellement, sans effort dans la voix, comme dans l'action des lèvres, c'est-à-dire en donnant nettement les positions labiales, mais sans exagérations trop fortes ni contractions faciales anormales.

Si la personne est complètement sourde, on peut indifféremment prononcer à haute voix ou

(1) Nous nous sommes inspiré, pour la succession des exercices abstraits, du recueil manuscrit d'exercices de Lecture sur les lèvres à l'usage des sourds adultes, de M. André, ancien censeur des études à l'Institution nationale des sourds-muets de Paris.

à voix basse, mais de préférence sur un ton de voix normal, surtout si on n'est pas familiarisé avec la pratique de l'enseignement; les positions et les mouvements des organes buccaux sont ainsi plus naturels.

Lorsque la personne sourde a conservé un certain degré d'audition, on doit, bien entendu, prononcer de façon à ne pas impressionner son oreille. Toutefois, lorsqu'elle sera suffisamment entraînée à la lecture labiale, on fera bien de lui parler sur un ton de voix ordinaire afin d'entretenir, autant qu'il se peut, un reste d'audition toujours très précieux. La lecture sur les lèvres ne devant être, en la circonstance, qu'un adjuvant de ce reste d'ouïe.

Nous nous bornerons à indiquer, dans ce petit ouvrage, la succession progressive des exercices à faire, un maître expérimenté sachant toujours, mieux qu'on ne saurait le dire, établir et coordonner ces exercices d'après les dispositions de ses élèves et les exigences de son enseignement (1).

(1) Le développement qu'exigerait un manuel complet de Lecture sur les lèvres serait hors du cadre que nous nous sommes tracé ici. Mais, en raison des services qu'il serait appelé à rendre aux sourds qui ne pourraient recourir à l'expérience d'un professeur spécial, nous nous proposons de publier dans la suite ce travail à part.

Ces indications sont d'ailleurs suffisantes pour permettre aux personnes de l'entourage du sourd d'appliquer avec ordre et méthode les principes de la lecture labiale et de seconder ainsi le maître avec intelligence et profit.

Quant au sourd, il en tirera lui-même avantage, en ce sens que cet exposé des exercices, bien que sommaire, lui fera comprendre ce qu'exige de lui l'étude de la lecture sur les lèvres, et son application et sa volonté s'en trouveront favorablement influencées.

Avant de passer à l'énumération de ces exercices, nous croyons utile d'ajouter que, parmi les recommandations que nous faisons, il n'en est pas dont on ne doive tenir compte. Les observations en apparence négligeables, les conseils jugés futiles ou superflus ayant souvent leur importance.

EXERCICES PRATIQUES (1).

PREMIÈRE CATÉGORIE

Premier groupe de dictées.

I. *Éléments simples* :

a, o, i,
p, f, ch,

Dicter lentement sans exagération dans la prononciation et en les détachant, d'abord les voyelles dans l'ordre donné, puis dans un ordre quelconque, ensuite les consonnes; enfin, en alternant, les voyelles et les consonnes.

L'élève observe attentivement la bouche du maître et répète chaque élément lu sur les lèvres en s'efforçant de graver dans sa mémoire visuelle l'image labiale observée.

II. *Syllabes formées des éléments précédents.*

1° *Simples et directes* :

p
f } *a o i.*
ch

Exemple :

pa po pi...

(1) Extrait du *Recueil d'exercices de Lecture sur les lèvres et d'Orthophonie*, en préparation, par Et. Boudin.

Dicter comme il est dit plus haut en associant chacune des consonnes à chacune des voyelles, en suivant d'abord l'ordre indiqué, puis un ordre quelconque.

2° *Syllabes simples et inverses :*

a o i { *p* / *f* / *ch* }

Exemple :

ap op ip...

3° *Syllabes closes avec la même consonne :*

pap pop pip
faf fof fif
chach choch chich

Même observation quant à l'ordre à suivre.

4° *Syllabes closes avec une consonne différente :*

pa po pi { *f* / *ch* }

fa fo fi { *p* / *ch* }

cha cho chi { *p* / *f* }

Exemple :

paf, pof, ... pach, ... pich, ...

III. *Combinaisons bisyllabiques* :

1° formées de la même syllabe répétée :
Exemple :

papa, popo.... fafa, fifi, ...

2° formées de la syllabe inverse et de la syllabe directe :
Exemple :

appa oppo ippi affa offo, ...

3° formées d'une consonne entre deux voyelles :

a o i	*pa po pi* *fa fo fi* *cha cho chi*

Exemple :

apa apo api afa,...

4° formées de deux syllabes simples et directes avec consonnes ou voyelles différentes :

pa fa cha *po fo cho* *pi fi chi*	*pa po pi* *fa fo fi* *cha cho chi*

Associer chacune des syllabes du groupe de gauche à chacune de celles du groupe de droite, en suivant tantôt l'ordre horizontal, tantôt l'ordre vertical, puis un ordre quelconque.

5° formées d'une syllabe inverse et d'une syllabe directe avec la même consonne et des voyelles différentes :

appo *appi* *oppa* *oppi* *ippa* *ippo*
affo *affi* *offa* *offi* *iffa* *iffo*
achcho *achchi* *ochcha* *ochchi* *ichcha* *ichcho*

Marquer en articulant la répétition de la consonne.

6° Formées d'une syllabe inverse et d'une syllabe directe avec consonnes différentes :

ap op ip { *fa fo fi* / *cha cho chi* }

af of if { *pa po pi* / *cha cho chi* }

ach och ich { *pa po pi* / *fa fo fi* }

Exemple :

apfa apfo, ... apcho, ...

7° formées de syllabes directes et de syllabes inverses :

pa po pi { *ap op ip* / *af of if* / *ach och ich* }

fa fo fi { *ap op ip* / *af of if* / *ach och ich* }

				ap	*op*	*ip*
cha	*cho*	*chi*		*af*	*of*	*if*
				ach	*och*	*ich*

Associer comme il est dit plus haut.

Exemple :

pa-ap *po-op* *pa-ip*
pa-af *pa-of*
etc...

en détachant les deux voyelles qui se suivent.

IV. *Mots simples formés des éléments connus.*

Exemple :

pas	*pie*	*hache*
pape	*pipe*	*chapeau*
papa	*pif-paf*	*affiche*
appât	*pipeau*	*poche*
etc.		

V. *Phrases simples.* — Aux exercices qui précèdent, sériés suivant une progression, on peut dire impulsive, il convient d'en ajouter un autre qui pourra paraître prématuré, mais que nous croyons devoir cependant indiquer et conseiller dès maintenant en raison de son importance. Cet exercice, possible dès le début, a l'avantage de donner à l'élève, dès les premières leçons, la notion exacte du but à atteindre, en lui montrant en quoi consiste réellement cette faculté de lire sur les lèvres, comment elle s'exerce avec le concours de la suppléance mentale, quelle est sa valeur véritable comme moyen de relation.

Voici quel est cet exercice : parmi les mots servant d'application à la lecture labiale, on en choisit — noms, qualificatifs ou verbes — de faciles à reconnaître sur les lèvres, comme :

chapeau, *chaud*, *poche*, *chauffe*, etc.,

du premier groupe, et, après avoir prononcé et fait lire trois ou quatre fois de suite l'und'eux, par exemple le mot *chapeau*, dire sans préambule :

Où avez-vous mis votre chapeau ?
Est-ce à vous ce chapeau ?
Ce chapeau est à moi.
Vous avez un beau chapeau.
Combien avez-vous payé ce chapeau ?
etc...

Puis, passant à un autre mot, soit *chaud*, après l'avoir répété plusieurs fois, dicter :

Avez-vous chaud ?
Il ne fait pas chaud ici.
Voulez-vous vous chauffer ?
etc...

Le sourd est surpris de la facilité avec laquelle il lit ces phrases, et cette constatation exerce sur ses dispositions à la lecture labiale la plus heureuse influence. Cet exercice est d'ailleurs la meilleure explication à donner, la seule réponse à faire aux élèves qu'inquiètent l'impossibilité de distinguer certains éléments et la difficulté de lire certaines combinaisons syllabiques.

Deuxième groupe.

1. *Éléments simples* :

a, *ou*, *è*, *eu*,
t, *s*, *l*.

Les éléments *ou*, *è*, *eu*, *t*, *s*, *l*, sont un peu moins faciles à distinguer que ceux du premier groupe : les voyelles, à cause de leur analogie avec celles qui précèdent ; les consonnes, en raison de l'action de la langue dont il faut tenir compte dans la mesure où elle est perceptible.

C'est cette considération qui nous fait reprendre la voyelle **a** avec ces éléments nouveaux.

Correspondant à l'ouverture de la bouche la plus naturelle, la plus caractéristique et la plus facile à distinguer, cette voyelle rapprochée, dans la dictée, des autres éléments, voyelles ou consonnes, en facilite l'étude en lui servant en quelque sorte de point d'appui, de point fixe ou de terme de comparaison.

Passer, en effet, sans transition des syllabes faciles à lire du premier groupe à celles moins caractérisées du second, serait dérouter l'élève par les difficultés que semble présenter la lecture des dernières. Tandis qu'en prenant soin de les rapprocher des syllabes *ta*, *sa*, *la*, *at*, *as*, *al*,

Exemple :

ta, *tou*, *ta*, *tè*, *ta*, *teu*,
sa, *sou*, *sa*, *sè*, ...
etc.

l'élève arrive par ce rapprochement à discerner sans difficulté la caractéristique des phonèmes :

tou, *tè*, *teu*
sou, *sè*, ...
lou, ...
etc.

II. *Syllabes formées des éléments simples qui précèdent*, sur le modèle des exercices du 1er groupe.

III. *Combinaisons bisyllabiques*, comme il est indiqué au 1er groupe.

IV. *Mots composés d'éléments figurant aux deux premiers groupes.*

Exemple :

chapelle	*ceci*	*Achille*
chapelet	*cela*	*Attila*
château	*celle-ci*	*Athalie*
chaloupe	*celle-là*	*Paul*
Châtelet	*aussitôt*	*Paulette*
etc.		

V. *Dictées de phrases simples* en procédant comme il est dit au 1er groupe :

Cette étoffe est jolie.
Combien payez-vous cette étoffe ?
Où avez-vous acheté cette étoffe ?

. . . .

Quelle pièce joue-t on au Châtelet ?
Où se trouve le Châtelet ?
Je vais quelquefois au Châtelet,
Le Châtelet est le théâtre préféré des enfants.

. . . .

J'ai mal à l'épaule.
L'épaule me fait mal.
Ces soldats ont des épaulettes.

. . . .

Troisième groupe.

I. *Revision des éléments :*

a, o, i, ou, è, eu.
p, f, ch, t, s, l.

II. *Syllabation simple et directe :*

p, f, ch..., } *a, o, i, ou, è, eu.*
t, s, l..., }

Syllabation simple et inverse :

a.., o.., i.., } *p, f, ch, t, s, l.*
ou.., è.., eu.., }

Syllabation simple et close :

pa po pi pou pè peu
fa fo fi fou fè feu
cha cho chi chou chè cheu } *p, f, ch, t, s, l.*
ta to ti tou tè teu
sa so si sou sè seu
la lo li lou lè leu

III. *Combinaisons bisyllabiques formées d'une consonne placée entre deux voyelles :*

ap op ip oup èp eup
af of if ouf èf euf
ach och ich ...
at ot ... } *a, o, i, ou, è, eu.*
as ...
al ...

Combinaisons bisyllabiques formées de deux syllabes répétées :

pa po pi pou pè peu	*pa po pi pou pè peu*
fa fo fi fou ...	*fa fo fi ...*
cha cho chi ...	*cha ...*
ta to ti ...	*ta ...*
sa so ...	*sa ...*
la lo ...	*la ...*

Associer les éléments et les syllabes suivant les indications précédentes. Et, pour les autres exercices bisyllabiques, s'en rapporter aux modèles du 1er groupe.

La revision de ces douze éléments, voyelles et consonnes, permet de faire des exercices nombreux et complexes de syllabation. On s'en tiendra aux combinaisons bisyllabiques qu'on n'épuisera pas d'ailleurs sans intercaler :

IV. *Des dictées de mots.*

Exemple :

pâle	*hôte*	*office*
palais	*hôtel*	*ouest*
palette	*hôtesse*	*outil*
opale	*fil*	*Italie*
pâlotte	*filasse*	*Léopold*
passif	*filet*	*Lapalisse*

etc.

V. *Dictées de noms précédés de l'article :*

la pêche	*la poulie*	*la poule*
la patache	*l'épaulette*	*le poulet*
la tasse	*la hache*	*la poulette*
l'hôpital	*la pochette*	*le loup*
etc.		

VI. *Dictées de noms suivis de leur terme générique ou d'un qualificatif* (*couleurs, formes, dimensions, etc.*)

la poule est noire
le chat est blanc
le chapeau est gris

. . . .

le chou est gros
le poulet est petit
l'échelle est longue

. . . .

la soupe est un aliment
le lait est une boisson
l'eau est une boisson
les pâtes sont des aliments

. . . .

le chou est un légume
la pêche est un fruit

. . . .

Ces derniers exercices forcément limités, au début, au nombre de substantifs que l'élève sait lire, sont repris et multipliés dans la suite, avec d'autres qualificatifs et d'autres termes génériques.

VII. *Dictées de phrases simples* comme il a été conseillé aux deux premiers groupes.

Quatrième groupe.

Diphtongue : oi.

Consonne : k (*c* dur, *q*).

Cette voyelle composée, *oi*, est un des éléments les plus faciles à reconnaître sur les lèvres. Elle constitue, partout où elle se rencontre, un point de repère sûr.

Quant à la consonne *k*, facile à voir lorsqu'elle est associée à la voyelle *a*, qui exige une ouverture buccale plus ou moins grande, elle devient très difficile à distinguer, jointe aux autres voyelles. En conséquence, pour habituer l'œil sinon à voir, du moins à deviner cette consonne, il est nécessaire de l'associer, en même temps que *oi*, à tous les éléments précédemment vus :

a o i ou è eu
p f ch t s l

dans de nombreux *exercices de syllabation.*

Exemples :

k ... { *a*, *o*, *i*,
ou, *è*, *eu*,
oi,

a... *o*... *i*...
ou... *è*... *eu*... } *k*.
oi...

ka ...
ko ...
ki ...
kou ...
kè ...
keu ...
koi ... } *k*,
p, *f*, *ch*,
t, *s*, *l*,

p, *f*, *ch*,
t, *s*, *l*, { ... *ak*, ... *ok*, ... *ik*,
... *ouk*,... *èk*, ... *euk*,
... *oik*,

oi : *p*, *f*, *ch*,
t, *s*, *l*, } ... *oi*.
k,

oi ... { *p*, *f*, *ch*,
t, *s*, *l*,
k,

poi ...
foi ...
choi... | *p*, *f*, *ch*,
toi ... | *t*, *s*, *l*,
soi ... | *k*,
loi ...
koi ...

Pour les *combinaisons bisyllabiques*, se reporter aux modèles d'exercices des trois premiers groupes.

Dans les *exercices trisyllabiques*, la troisième syllabe sera simplement exprimée par une des consonnes précédentes, que l'on prononce comme si elle était suivie de l'*e* muet. On reprendra ainsi tous les exercices formés de deux syllabes, des trois groupes, en y ajoutant comme finale chacune des consonnes que l'élève sait déjà reconnaître.

Exemple :

kapat, *kapot*, *kapout*, *kapèt*, *kapit*, *kapeut*, *kapoit*...

tapak, *topak*, *toupak*, *tèpak*, *tipak*, *teupak*, *toipak*...

kopat, *kopot*, *kopout*, *kopèt*, ...

tapok, *topok*, *toupok*, *tipok*, ...

et ainsi de suite en changeant les voyelles ;

puis :

kapas, kapos, kapous, kapès, ...
sapak, sopak, soupak, ...
kopas, kopos, ...
sapok, ...

. . . .

en passant en revue toutes les consonnes.

Ainsi combinés, les éléments enseignés se prêtent à de multiples exercices que l'on alterne avec des dictées de mots groupés dans l'ordre suivant :

1° *Mots commençant par* **k** *suivi d'une voyelle ouverte.*

Exemple :

café, capote, cachet, qualité, calotte, etc.
caisse, quelquefois, ...

2° *Mots commençant par* **k** *suivi d'une voyelle quelconque.*

Exemple :

cocher, calèche, colle, coupé, côté, côtelette, qui, que, quoi, qu'est-ce, quel, etc.

3° *Mots terminés par* **k**.

Exemple :

sec, chèque, échec, chaque, pâques, sac, lac, phoque, etc.

4° *Mots renfermant cet élément quelle qu'en soit la place.*

écouté, paquet, école, calicot, chacal, localité, local, locatif, etc.

5° *Mots renfermant* **oi** *:*

poids, choix, soie, soif, étoile, toile, toilette, quoi, quoique, quelquefois, etc.

6° *Dictées de noms précédés de l'article.*

7° *Dictées de petites formules composées d'un nom et d'un attribut.*

8° *Dictées de phrases simples suivant les indications déjà données.*

Cinquième groupe.

Éléments :

a (1), *é*, *u*,
p, *f*, *ch*, *t*, *s*, *l*, *k*.

Syllabation simple avec les éléments nouveaux.

Syllabation complexe combinée avec les voyelles enseignées dans les précédentes leçons.

Mots usuels renfermant les éléments **é**, **u**.

(1) Voir, au deuxième groupe, la note relative à la reprise de la voyelle *a*.

Dictées de noms et de petites formules comme il est dit au groupe précédent.

Dictées de phrases élémentaires.

Sixième groupe.

Toutes les voyelles simples ayant été vues, avant de passer à d'autres éléments, on fera une revision de ces voyelles, dans des mots connus, en procédant comme il suit :

1° *Mots formés de la voyelle* **a** *et de consonnes quelconques, prises parmi celles enseignées.*

Exemple :

pas, *passe*, *pape*, *papa*, *patate*, *attaque*, *pâte*, *sale*, *face*, *chape*, etc.

2° *Mots renfermant la voyelle* **o**.

Exemple :

peau, *seau*, *faux*, *chaud*, *copeau*, *poteau*, *coteau*, *hotte*, *tôle*, etc.

3° *Mots renfermant l'une et l'autre de ces deux voyelles.*

Exemple :

chapeau, *château*, *sofa*, *local*, *potasse*, *capote*, *cacao*, *chocolat*, etc.

4° *Mots renfermant la voyelle* **i**.

Exemple :

fils, *pile*, *if*, *fiche*, *type*, *site*, *pipe*, *pique*, *Philippe*, etc.

5° *Mots renfermant l'une et l'autre des trois voyelles du 1er groupe.*

Exemple :

tapis, *facile*, *capitale*, *habile*, *apathie*, *capitole*, *calicot*, *office*, *poli*, *folie*, etc.

Procéder, de la même manière, à la revision des autres voyelles connues :

ou, *è*, *eu*, *oi*, *é*, *u*.

Septième groupe.

Diphtongues voyelles :

ia, *io*, *iè*, *ieu*, *iou*, *iu*, *oui*, *ui*.

Syllabation simple et complexe avec les consonnes enseignées comme il a été fait avec les voyelles simples.

Mots groupés de façon à en dicter successivement un certain nombre renfermant la même diphtongue.

Exemple :

pied, pièce, papier, atelier, copier, associé, etc.
liasse, acacia, facial, piaffer, etc.

Phrases, comme dans les groupes qui précèdent.

Huitième groupe.

Revision syllabique de tous les éléments enseignés :

a, o, i, ou, è, eu, é, u, oi.
ia, io, iè, ieu, iou, iu, oui, ui.
p, f, ch, t, s, l, k.

Cette revision donne lieu à un nombre infini de combinaisons sur lesquelles on ne saurait trop insister. Toutefois, la lecture monosyllabique et bisyllabique ne devant plus présenter de difficultés pour l'élève, on passera à des groupements plus complexes, c'est-à-dire de trois et quatre syllabes, en alternant ces exercices abstraits avec *des dictées de mots, de petites formules* et *de phrases simples*, comme précédemment.

Neuvième groupe.

Consonne r :

De tous les éléments qui ont été vus, l'*r* est un des plus difficiles à lire sur les lèvres, à cause des deux aspects sous lesquels il se présente : le *r* lingual, visible s'il est associé à une voyelle ouverte, et le *r* guttural, beaucoup plus difficile, pour ne pas dire impossible à distinguer. On le donnera dans de multiples exercices abstraits, mais surtout dans des mots.

Les dictées de mots se feront dans l'ordre que nous avons indiqué pour le *k* (voir 4e groupe). Elles seront suivies *de dictées de petites phrases.*

Dixième groupe.

Revision des consonnes dans des mots connus, comme il a été fait pour les voyelles (6e groupe) en dictant :

1° *Des mots formés de la consonne* p *et de voyelles quelconques.*

Exemple :

papa, poupée, épée, épi, appât, épieu, pipe, pipeau, etc.

2° *Des mots renfermant la consonne* **f**.

Exemple :

œuf, *if*, *feu*, *faux*, *affût*, *effet*, etc.

3° *Des mots renfermant la consonne* **ch**.

Exemple :

chat, *chaud*, *hache*, *huche*, *chiche*, *achat*, etc.

4° *Des mots renfermant l'une ou l'autre ou l'une et l'autre des trois consonnes du 1er groupe.*

Exemple :

poche, *pacha*, *fâcheux*, *fauché*, *échoppe*, *pouf*, *faux pas*, *échappé*, etc.

Procéder à la même revision pour les consonnes :

t, *s*, *l*,
k, *r*.

C'est-à-dire en dictant des mots ne renfermant d'abord qu'un des éléments précités, puis l'un ou l'autre ou l'un et l'autre.

Onzième groupe.

Diphtongues consonnes :

pl, *cl*, *fl*.

Relativement faciles à reconnaître devant les voyelles *a*, *è*, *é*, *i*, elles le sont beaucoup moins devant *ou*, *eu*, *u*.

Nombreux exercices syllabiques, comme pour les consonnes simples.

Dictées de mots groupés suivant une certaine paronymie.

Exemple :

place, *placer*, *placement*, *placeur*, *déplacer*, *replacer*, etc.
pli, *pliage*, *plier*, *plissé*, ...
applique, *appliquer*, *applicage*, ...

. . . .

claque, *claquer*, *claquette*, *claquement*, ...

. . . .

fleur, *fleuriste*, *fleurette*, *fleurir*, *refleurir*, ...

. . . .

ou encore terminés par la même diphtongue consonne :

siffle, *souffle*, *pantoufle*, *rafle*, ...

. . . .

Dictées de mots renfermant indistinctement l'une ou l'autre de ces diphtongues et suivis d'un attribut quelconque.

Dictées de phrases renfermant ces mots.

Douzième groupe.

Diphtongues consonnes :

pr, fr, tr, cr.

Mêmes exercices que pour le groupe précédent et en suivant la même progression :

Syllabation.
Mots.
Formules.

Nos exercices ont porté jusqu'ici sur les éléments simples ou composés, ayant chacun une image faciale caractéristique. Il nous reste à voir ceux avec lesquels les premiers peuvent être confondus, dans la lecture sur les lèvres, et que, pour cette raison, nous avons appelés des *sosies*.

Tous les professeurs s'occupant d'orthophonie et de lecture labiale sont d'accord pour reconnaître l'impossibilité pour la vue de distinguer ces *sosies* dans la parole courante, et pour admettre que seule l'interprétation mentale permet de ne pas les confondre. Ce qu'il importe donc pour le sourd, c'est d'apprendre à se guider sur la composition générale des mots, sur leur signification, sur le sens de la phrase, pour deviner l'élément qui prête à confusion.

En conséquence, nous jugeons superflu de

FIG. 28. — Étude devant la glace des caractères distinctifs des « SOSIES ».

faire sur ces éléments des exercices syllabiques, comme il en a été fait pour leurs congénères.

Toutefois, il n'est pas inutile, en passant, d'attirer l'attention de l'élève, en s'aidant s'il le faut du toucher et de la glace, sur les nuances, si peu perceptibles soient-elles, qui peuvent distinguer ces éléments similaires dans leur prononciation isolée : tensions et pressions musculaires particulières, contractions faciales, vibrations caractéristiques, etc. (voir fig. 22, 23, 24 28, et observations s'y rapportant).

Mais après avoir expliqué et montré par des exemples sommaires l'impossibilité, dans la pratique, de différencier par la vue :

b, *m* de *p*
v de *f*
j (ge) de *ch*
z de *s* (ç)
d, *n* de *t*
g (gu) de *k* (c, q)
an de *a*
on de *o*
in de *è*
un de *eu*,

nos exercices sur ces éléments se bornent à de *nombreuses dictées de mots* groupés suivant certaines ressemblances étymologiques ou d'après des analogies phonétiques qui en facilitent la compréhension, puis à des *dictées de petites formules usuelles* et de *phrases élémentaires*.

Treizième groupe.

Prenons, par exemple, les éléments *b* et *m*. Les mots dictés renfermeront d'abord l'une, puis l'autre de ces deux consonnes, et ensuite, indistinctement, l'une ou l'autre des congénères *b*, *m*, *p*; le sens du mot et de la phrase fera que, bien rarement, l'élève les confondra.

I. *B*. Exemples :

balle, *belle*, *boule*, *bol*, ...
bateau, *sabot*, *boussole*, *bibelot*, ...
tabac, *rabot*, *cabas*, *ébats*, *falbala*, ...

. . . .

Bébé a sali sa robe.
Le boucher a tué le bœuf.

. . . .

II. *M*.

malle, *molle*, *mille*, *mouche*, *mâcher*, *mouchoir*,
âme, *homme*, *femme*, *pomme*, *atome*, ...
amitié, *ami*, *amical*, *amiral*, *amirauté*, ...

. . . .

C'est à moi ce mouchoir.
Ma mère a mal à la tête.

. . . .

III. *P*, *B*, *M*.

abîme, *hippopotame*, *polémique*, *beau-père*, ...
belle-mère, *Bapaume*, ...

. . . .

Paul est allé au bal.
Le chapeau de cette femme est beau.

. . . .

Il va de soi que si, dans les dictées de mots, l'élève lit, par exemple :

pâle, *mal*, pour *balle*
boule, *moule*, pour *poule*
Paul, *bol*, pour *molle*
habit, pour *ami*
pomme, pour *baume*
etc.

on ne peut considérer ces confusions comme des fautes de lecture labiale. Mais, si au lieu de :

Papa a mal à la tête.
C'est à Marie ce beau chapeau.
Tu as des taches à ton habit.

l'élève lisait et répétait :

Papa balle *à la tête.*
C'est à Paris ce mot *chapeau.*
Tu as des taches à ton ami.

il y aurait contresens dénotant un manque d'entraînement de la faculté d'interprétation. Hâtons-nous d'ajouter qu'il est extrêmement rare que des sourds exercés à la lecture sur les lèvres fassent de semblables lapsus.

Tous les éléments, similaires, composés ou diphtongues qui suivent, seront passés en revue de la même manière que *p*, *b*, *m*, c'est-à-dire en des dictées de mots groupés d'abord suivant une certaine analogie, puis par famille, et ensuite dans un ordre quelconque.

Quatorzième groupe.

Voyelles similaires :

an = *a*.

On choisira, d'abord, des mots formés autant que possible de plusieurs syllabes et dans lesquels la voyelle nasale se trouvera précédée ou suivie d'une consonne ayant une image faciale bien caractérisée et facile à lire comme *p*, *f*, *ch* ou leurs congénères.

Exemple :

éléphant, *enfant*, *penchant*, *méchanceté*, *enchantement*, *empêchement*, *embellissement*, *épouvantablement*, etc.

Puis des mots de la même famille ou ayant entre eux une certaine ressemblance au point de vue de leur image faciale.

Exemple :

sentir, *sentiment*, *sentimental*, *sentimentalement*, *ressentir*, *ressentiment*, etc.
autant, *pendant*, *cependant*, *pourtant*, *dépendant*, etc.

Ensuite des mots quelconques renfermant la voyelle *an* et la voyelle *a* indistinctement ;
Et enfin des phrases renfermant de ces mots.

. . . .

Quinzième groupe.

Voyelles similaires :

on = *o*

procéder comme pour *an*, *a* (14e groupe).

Seizième groupe.

Consonnes similaires :

v = *f*

mêmes exercices que pour *b*, *m*, *p* (13e groupe).

Dix-septième groupe.

Consonnes similaires :

j (ge) = *ch*

même manière de procéder que pour *b*, *m*, *p* (13e groupe).

Dix-huitième groupe.

Consonnes similaires :

z = *s* (ç)

même genre d'exercices que pour *b*, *m*, *p* (13e groupe).

Dix-neuvième groupe.

Voyelles similaires :

in = *è*

mêmes dictées que pour *an*, *a* (14e groupe).

Vingtième groupe.

Voyelles similaires :

un = *eu*

procéder de la même manière que pour *an*, *a* (14e groupe).

Vingt et unième groupe.

Consonnes similaires :

g (gu) = k

se reporter aux exercices sur *b*, *m*, *p* (13e groupe).

Vingt-deuxième groupe.

Consonnes similaires :

d, *n* = *t*

mêmes séries d'exercices que pour *b*, *m*, *p* (13e groupe).

Vingt-troisième groupe.

Consonnes composées :

gn, *ill*

procéder comme il est dit pour *b*, *m*, *p* (13e groupe).

Vingt-quatrième groupe.

Diphtongues nasales :

ian, *ion*, *ien*, *oin*, *uin*.

Dictées de mots groupés par analogie, puis de mots quelconques renfermant ces diphtongues, comme pour les voyelles nasales.

Vingt-cinquième groupe.

Diphtongues consonnes :

bl, *vl*, *gl*.

Pour les dictées, se reporter au 11e groupe.

Vingt-sixième groupe.

Diphtongues consonnes :

br, *dr*, *gr*, *vr*.

Voir au 11e groupe pour les exercices à faire.

Vingt-septième groupe.

Diphtongues voyelles :

aë, *ao*, *aü*, *aï*, *aïo*, ...
éa, *éo*, *éi*, *éeu*, *éan*, *éon*, ...
oa, *oé*, *oü*, *oï*, ...
uo, *uan*, *ué*, *ua*, ...
oué, *ouan*, *oueu*, ...
etc...

Voir ces éléments composés dans des mots, puis dans des phrases, comme il est dit pour les diphtongues voyelles du 7e groupe.

Vingt-huitième groupe.

Symphones ou accouplements de deux consonnes.

p, *b*, *m*, suivis d'une autre consonne.

Exemple :

*a*pt*itude*, *auto*ps*ie*, pn*eumonie*, ...
*a*bs*olu*, *a*bd*ication*, *a*bj*uration*, ..
*a*mn*ésie*, *camelot*, *cimeterre*, ...

Dictées de phrases.

Vingt-neuvième groupe.

t, *d*, *n*, suivis d'une autre consonne.

Exemple :

*caou*tch*ouc*, *a*tl*as*, *a*tm*osphère*, ...
*a*dj*ectif*, *bu*dg*étaire*, *a*dm*issibilité*, ...
chênevis, *chêne*-li*ège*, *reine*-m*arguerite*, ...

Dictées de phrases.

Trentième groupe.

k (c, q), *g* (gu), suivis d'une autre consonne.

Exemple :

*a*ct*ualité*, *accessibilité*, *bla*ckb*oulé*, ...
*amy*gd*ale*, *augmentation*, *do*gm*atique*, ...

Dictées de phrases.

Trente et unième groupe.

ch, *j* (ge), suivis d'une autre consonne.

Exemple :

cache-pot, *clocheton*, *boucherie*, ...
boulangerie, *logement*, *engelure*, ...

Dictées de phrases.

Trente-deuxième groupe.

f, *v*, suivis d'une autre consonne.

Exemple :

chef-lieu, *cafetière*, *chaufferette*, ...
bravement, *chauve-souris*, *breveté*, ...

Dictées de phrases.

Trente-troisième groupe.

s (ç), *z*, suivis d'une autre consonne.

Exemple :

asperge, *bicycliste*, *blasphémateur*, ...
casemate, *heureusement*, *Roosevelt*, ...

Dictées de phrases.

Trente-quatrième groupe.

l, *r*, suivis d'une autre consonne.

Exemple :

alphabet, *cavalcade*, *palpitation*, ...
anarchie, *parlementaire*, *appartement*, ...

Dictées de phrases.

Trente-cinquième groupe.

x équivalent de *ss*.

Exemple :

Bruxelles, *six*, ...

x équivalent de *ks*.

Exemple :

Alexandrie, *annexion*, ...

x équivalent de *gz*.

Exemple :

examinateur, *exercice*, ...

x équivalent de *z*.

Exemple :

sixième, *dix-huit*, ...

x équivalent de *k*.

Exemple :

exciter, *excessivement*, ...

Le sourd n'ayant, dans la lecture labiale, qu'à se préoccuper de la prononciation des mots et non de leur orthographe, il ne paraît pas absolument utile de faire des exercices sur *x* équivalent de *ss*, de *z* et de *k*. Dans les deux autres cas, le mouvement labial étant le même, on dictera indifféremment des mots renfermant l'un ou l'autre des symphones *ks* et *gz*, laissant au sens du mot le soin d'indiquer la valeur phonétique.

Exemple :

taximètre, *auxiliaire*, *examinateur*, *exorbitant*, *exercice*, *exactitude*, *excellent*, ...

Dictées de phrases.

Trente-sixième groupe.

Symphones formés de trois et quatre consonnes :

spr, *str*, *scr*, *sbr*, ...
spl, *scl*, *sbl*, *sfl*, ...
rbr, *rsp*, *rpt*, *rtr*, ...
stm, *mst*, *bst*, ...
bstr, *mstr*, ...

Exemple :

astrologie, *circonscription*, *resplendissant*....
s'abstenir, *Amsterdam*, *chartreuse*,....,
expropriation, *perspicacité*, *obstruction*, ...

Dicter ces mots autant qu'il se peut par ordre symphonique, *c'est-à-dire par groupes renfermant le même symphone.*

Exercices destinés à exercer la suppléance mentale. — Bien que la suppléance mentale trouve, dans les exercices qui précèdent, matière à s'entraîner, ces exercices se proposent surtout l'éducation de la vue. Ceux qui vont être énumérés succinctement ont pour but d'habituer la faculté d'interprétation au rôle qui lui incombe dans la lecture sur les lèvres.

Trente-septième groupe.

Dictées de mots ayant la même étymologie.

Exemple :

forme, *former*, *formation*, *formule*, *déformer*, *conformation*, *reformer*, ...

Trente-huitième groupe.

Dictées de paronymes, c'est-à-dire de mots renfermant une même image labiale.

Exemple :

semblable, *formidable*, *aimable*, *contribuable*, *confortable*, *entablement*,...
ordinairement, *ordonné*, *ordre*, *ordonnance*, *ordonnateur*, *ornement*, *orner*, *ornementiste*, *orthophonie*, *orthopédie*, etc.

Trente-neuvième groupe.

Dictées de nombre.

Quarantième groupe.

Conjugaisons de verbes, en allant d'un temps quelconque à un autre.

Quarante et unième groupe.

Dictées de noms de personnes, de choses, d'animaux, etc., appartenant à un même genre.

Quarante-deuxième groupe.

Dictées de noms et de termes géographiques, historiques, scientifiques, etc.

Quarante-troisième groupe.

Dictées de noms d'hommes illustres, de contemporains connus, etc.

Quarante-quatrième groupe.

Définitions d'objets, de produits ; dire leur utilité, de quoi ils sont formés, etc.

Quarante-cinquième groupe.

Un mot étant donné, dicter des phrases renfermant ce mot.

Quarante-sixième groupe.

Une idée étant exprimée; dicter des formules se rapportant à cette idée.

Quarante-septième groupe.

Formuler de différentes manières une idée, une définition, une question, etc.

Quarante-huitième groupe.

Dictées de pensées, proverbes, dictons, maximes, etc.

Quarante-neuvième groupe.

Entretiens sur des sujets simples et familiers préalablement indiqués.

Cinquantième groupe.

Petits récits sur des sujets donnés.

Cinquante et unième groupe.

Descriptions d'objets, de plantes, d'animaux, etc., etc.

Cinquante-deuxième groupe.

Questions diverses sur des choses familières à l'élève, sur son identité, sur ses occupations, sur sa localité, sur sa famille, etc.

Cinquante-troisième groupe.

Dialogues sur des sujets fournis par l'élève au hasard des circonstances.

Cinquante-quatrième groupe.

Lectures de petites historiettes ou de petites descriptions prises dans un livre, de faits divers des journaux, etc.

Cinquante-cinquième groupe.

Conversation sur des faits journaliers ou d'actualité. C'est l'exercice sur lequel il faut le plus insister.

Cinquante-sixième groupe.

Lectures de textes quelconques choisis d'après le degré d'intelligence et d'instruction de l'élève.

Ces dictées, destinées à exercer la suppléance mentale, peuvent être multipliées et variées à l'infini.

Nous nous sommes borné à les indiquer, estimant qu'il appartient aux professeurs de les sérier et de leur donner le développement qu'elles comportent, en raison de l'âge, des dispositions particulières et de la situation sociale des élèves.

Quelques conseils. — Terminons cet exposé de l'enseignement de la lecture labiale en résumant quelques conseils pratiques à l'usage des personnes appelées à se servir, avec un sourd, de ce mode de communication :

Se tenir le visage en pleine lumière et autant qu'il se peut à une faible distance et en face du sourd.

Parler naturellement, c'est-à-dire sur un ton de voix ordinaire, sans précipitation dans le débit, ni exagération dans les positions et les mouvements des lèvres.

N'accompagner la parole d'aucun geste, d'aucun signe qui détournerait l'attention du sourd.

Ne jamais montrer d'impatience en lui parlant.

Dans la conversation, éviter de passer brusquement d'un sujet à un autre.

Si le sourd se trouve arrêté par un mot qu'il ne peut lire, ne pas insister sur ce mot en le répétant seul, mais reprendre la phrase dans son ensemble.

Quand une phrase n'est pas comprise, ne pas essayer de lui donner une autre forme ; ce changement dérouterait le sourd.

S'appliquer à n'employer que des formules simples et qu'on lui sait familières.

L'encourager en louant sa perspicacité, chaque fois qu'il y a lieu de le faire.

Aller au-devant de sa curiosité en l'entretenant de toutes choses pouvant l'intéresser.

Ne perdre enfin aucune occasion de fortifier sa confiance en lui montrant que, grâce à la lecture sur les lèvres, il n'est plus isolé au milieu des entendants.

Nous croyons avoir démontré que la *Lecture labiale*, ainsi définie et exposée, n'a rien d'artificiel ni de fictif ; c'est une ressource de la pédagogie physiologique sanctionnée par l'expérience et par les résultats pratiques qu'elle produit.

Son initiation a pour but d'apprendre au sourd à utiliser, sans les violenter, des facultés naturelles, et à les diriger avec le concours de la volonté.

Prétendre que la lecture sur les lèvres peut suppléer complètement l'ouïe, serait une illusion. Elle n'est et ne pourra jamais être qu'une faculté d'exception ne pouvant s'exercer que dans certaines conditions et n'ayant pas les qualités de précision et de sûreté de l'organe auditif. Mais, si l'on considère le degré de sociabilité auquel, grâce à elle, peut se maintenir celui qui est atteint de surdité, il est incontestable qu'elle est, de tous les moyens qui s'offrent aux sourds pour pallier leur infirmité, le plus rationnel et le plus efficace.

Aussi estimerons-nous avoir fait œuvre utile si cette modeste étude de la question peut contribuer à faire connaître davantage ce moyen de suppléer l'ouïe et à étendre les bienfaits qu'il est appelé à rendre.

APPENDICE

LA LECTURE SUR LES LÈVRES ET L'ORTHOPHONIE. — LEUR CONTRIBUTION A L'HYGIÈNE SCOLAIRE

L'exposé que nous venons de faire *du moyen de comprendre la parole aux mouvements des lèvres*, comme palliatif de la surdité chez les personnes ayant perdu l'ouïe à un certain âge, nous amène à dire quelques mots de la *contribution* apportée *à l'hygiène scolaire* par ces deux applications de la science phonétique : *la lecture sur les lèvres* et *l'orthophonie*.

Traitant *des troubles de la parole* (1) qui compromettent si souvent l'avenir de ceux qui en sont atteints, nous disions que nulle étude

(1) *Les troubles de la parole :* bégaiement, blésités, retard du langage, nasillement, raucité vocale, bredouillement, voix infantile, etc. — Causes et remèdes, par Et. Boudin, professeur à l'Institut national des Sourds-Muets de Paris. — Chez l'auteur, rue Claude-Bernard, 72, Paris-V^e^.

ne saurait mieux préparer à la correction des vices de prononciation chez les entendants, enfants ou adultes, que celle qui a pour objet d'apprendre à parler aux sourds-muets, et que seule une expérience consacrée par des remarques professionnelles et une longue pratique pouvait permettre de dévoiler les subtilités infinies des désordres vocaux et de déterminer les moyens de remédier sûrement à toutes les imperfections du langage articulé. Qu'en conséquence, le professeur de sourds-muets se trouvait tout indiqué par sa connaissance approfondie du mécanisme de la phonation et par son expérience de l'enseignement de la parole aux sourds de naissance, pour rétablir, chez les personnes affectées d'un trouble vocal ou d'un défaut de prononciation, le libre et complet usage d'une parole claire, sonore, distincte, agréable.

Nous venons de montrer, d'un autre côté, la précieuse ressource que *la lecture labiale* offre aux personnes atteintes de surdité survenue à l'âge adulte.

La lecture sur les lèvres, comme *la correction des vices de la parole*, se rattache très étroitement à une question d'un ordre plus général et de toute actualité, à *l'hygiène scolaire.*

Tout le monde sait que, depuis quelques années, on se préoccupe dans le monde médical et pédagogique de l'amélioration physique et intellectuelle des enfants et que des vœux ont été maintes fois formulés, dans différents congrès organisés à ce sujet, et notamment au troisième congrès international tenu l'année dernière à Paris, pour qu'une surveillance médicale effective soit exercée dans les écoles, d'une part, sur la santé des enfants, et d'autre part, sur l'application des méthodes d'instruction et d'éducation employées et sur les moyens propres à en assurer le succès.

Parmi les écoliers, sur lesquels doit se porter la sollicitude des médecins et des pédagogues, se trouvent en première ligne ceux qui sont affligés d'un vice de prononciation entravant le libre exercice de la parole et ceux qui sont frappés de dureté d'oreille s'opposant à la perception intégrale du langage parlé.

Les troubles de la parole (*blésités*, *bégaiement*, *zézaiement*, *chuintement*, *hottentotisme*, *retard du langage*, *bredouillement*, *nasillement*, *raucité vocale*, etc.), de même que l'affaiblissement du sens auditif, sont en effet des affections susceptibles de faire obstacle au développement normal des facultés de l'esprit et de retarder les progrès scolaires, voire même de s'y opposer.

Ces affections affligent les enfants à des degrés différents. Considérées comme négligeables, lorsqu'elles sont légères, on s'en préoccupe peu en général, ce qui est un tort, soit dit en passant, à une époque où il n'est pas de trop de tous ses moyens pour surmonter les âpres complications de la lutte pour la vie.

Ainsi, par exemple, un léger défaut de prononciation n'ayant comme conséquence immédiate que de provoquer la raillerie des petits camarades, on y attache d'autant moins d'importance dans l'entourage de l'enfant qu'on finit par s'habituer à ce défaut et par ne plus s'en apercevoir, et même par avoir l'illusion qu'il échappe également aux autres. Pour une oreille un peu dure, le maître qui l'a constaté remédie à cet inconvénient en plaçant l'enfant plus près de lui ou en se plaçant lui-même dans son champ d'audition. L'effet du mal se trouve ainsi en partie atténué et l'enfant peut, sinon complètement, du moins dans une certaine mesure, profiter de l'enseignement donné.

Mais, qu'il s'agisse de troubles vocaux ou auditifs plus graves et partant plus préjudiciables au développement intellectuel et aux progrès scolaires des enfants, ceux-ci se trouvent dans des conditions fort désavantageuses pour suivre l'enseignement collectif.

Et qu'arrive-t-il ?

Faute d'une prononciation suffisamment claire pour être compris aisément, ou d'une ouïe assez fine pour suivre les leçons du maître et pour en profiter, ils sont tenus pour des incapables et rejetés dans les derniers rangs, avec ceux dont on ne peut rien espérer.

Ballottés de classe en classe, abandonnés parmi les paresseux ou les arriérés intellectuels, ils sont condamnés à redoubler les années d'études et à demeurer, plus qu'il ne convient à leur degré intellectuel, dans des sections inférieures ; et c'est exceptionnellement, en de rares retours au sentiment du devoir ou pour calmer des scrupules tardifs ou passagers, qu'on se plaît à les interroger.

Cette situation a en outre pour conséquence regrettable d'exercer une influence fâcheuse sur le caractère et les heureuses dispositions de ces pauvres enfants, lesquels deviennent rétifs et difficiles et perdent peu à peu le goût de l'étude.

Peut-on de ces injures du sort blâmer le maître dont les efforts et la complaisance semblent être en défaut? Peut-on, en réalité, lui faire un reproche de ne pas assez se préoccuper de ceux-ci, alors que les progrès des autres, le plus grand nombre, doivent en souffrir? Non ! victimes d'une imperfection ou d'une obstruction physiologiques, ces enfants subissent la loi inexorable qui, en toute chose, sacrifie à l'intérêt de la majorité celui de la minorité, et personne ne saurait être rendu responsable des conditions préjudiciables à leur avenir dans lesquelles ils sont tenus.

Le seul moyen de les soustraire à l'ostracisme qui pèse sur eux, c'est, dans le cas de *défauts de prononciation*, de rétablir chez eux, par *l'orthophonie*, c'est-à-dire par la rééducation des organes vocaux, l'usage d'une parole aisée et distincte; dans le cas de *surdité*, plus ou moins complète, de suppléer par *la lecture sur les lèvres* le manque ou l'insuffisance de l'ouïe, lorsque la médecine ou la chirurgie n'aura pu réussir à restaurer complètement l'audition.

Déjà, grâce à de louables et généreuses initiatives (1), on ignore moins, depuis quelques années, les bienfaits de la science phonétique appliquée au traitement des troubles de la

(1) Nous sommes heureux de rendre ici hommage aux efforts faits dans ce sens par M. Collignon, l'éminent Directeur de l'Institut national des Sourds-Muets, et par M. le docteur Castex, l'otologiste bien connu.

parole, et nombreux sont aujourd'hui les enfants qui demandent à l'orthophonie le moyen de reprendre, au milieu de leurs condisciples, la place en rapport avec leurs moyens intellectuels, qu'un trouble dans la faculté de parler leur avait fait perdre.

Nous n'en dirons pas autant en ce qui concerne la suppléance de l'ouïe par la vue. Le nombre des enfants en âge de scolarité qui, atteints de surdité, ont appris à lire sur les lèvres, est en effet fort restreint.

La pratique de comprendre la parole aux mouvements des lèvres est cependant sanctionnée par des résultats aussi probants et aussi affirmatifs que ceux obtenus par l'orthophonie, et nous pourrions nommer plusieurs de nos élèves qui, devenus sourds à l'âge de neuf, dix, onze ou douze ans, ont pu, avec l'aide de *la lecture sur les lèvres*, continuer leurs études et subir avec succès les examens pour l'obtention de grades universitaires. Mais ce sont là des exceptions et, dans le monde médical et pédagogique, on connaît peu ces ressources que la science pédago-physiologique met à la disposition de l'hygiène scolaire pour remédier à une surdité prématurée ou à un vice de prononciation.

Nous devons d'autant plus déplorer cette ignorance que les enfants atteints, de l'une ou de l'autre infirmité qui les chasse de l'école ou les fait rejeter parmi les arriérés intellectuels, sont plus nombreux qu'on ne voudrait le croire.

Puissent ces quelques lignes tomber sous les yeux de parents, de médecins, de pédagogues, qu'intéresse l'hygiène scolaire ou qui s'attachent à en résoudre les questions si complexes, et faire que tant d'enfants ne demeurent plus arrêtés dans leur développement intellectuel et dans leurs études par un trouble de la parole ou de l'audition, qu'il est aujourd'hui au pouvoir d'une méthode, basée sur l'expérience et la physiologie, de faire disparaître ou d'atténuer dans une large mesure. Nous aurons alors la satisfaction d'avoir rendu service à une classe nombreuse de déshérités, aussi intéressants que beaucoup d'autres, dans un monde où l'on a besoin de toutes ses facultés pour triompher des difficultés toujours croissantes de la vie.

TABLE DES MATIÈRES

2969. — Tours, imprimerie E. Arrault et Cie.

www.ingramcontent.com/pod-product-compliance
Ingram Content Group UK Ltd.
Pitfield, Milton Keynes, MK11 3LW, UK
UKHW022105190726
13855UKWH00002B/654